Highlights

LONDON

DIE 50 ZIELE, DIE SIE GESEHEN HABEN SOLLTEN

Highlights

LONDON

Franz Marc Frei
Andrea Lammert
Anke Benstem

BRUCKMANN

Nicht Rio und nicht Paris – es ist London! Der Karneval in Notting Hill mit seinen prächtigen Kostümen versetzt die Besucher fast nach Rio de Janeiro (oben), während die kleinen Törtchen in Soho an französische Backkunst erinnern (Mitte). Graffitis gehören zum Stadtbild dazu (unten).

Inhaltsverzeichnis

Millionenmetropole mit vielen Facetten 14

Westminster und Whitehall 18

1 **Big Ben** – Londons Glockenturm 20

2 **Houses of Parliament** – Ort heißer Debatten 22

3 **Westminster Abbey** – die Prunkkirche des Königshauses 24

4 **Whitehall und Downing Street** – Zentrum politischer Macht 28

5 **Buckingham Palace** – Die royale Residenz 30

6 **Tate Britain** – Kunst für Kenner 34

Westend 36

7 **Trafalgar Square** – rund um Lord Nelson 38

8 **Zwischen Picadilly Circus und Green Park** – quirliges Herz der Stadt 40

9 **Soho** – Londons sündige Meile 44

10 **Covent Garden** – Londons Marktplatz für Kunst und Kultur 48

11 **High Holborn, Inns of Court** – ein filmreifes Juristenviertel 52

12 **Bloomsbury und Fitzrovia** – Wo Virginia Woolf lebte 54

13 **British Museum** – Ausstellungshaus der Superlative 58

14 **Oxford und Regent Street** – Kaufrausch vorprogrammiert 62

The City und East London 64

15 **St Paul's Cathedral** – Meisterwerk mit Kuppel 66

16 **Höhepunkte der Architektur** – Zu Fuß durch London 70

17 **Fleet Street** – Geruch nach Druckerschwärze 74

18 **Museum of London** – Erlebnis Stadtgeschichte 76

19 **Smithfield** – Fleisch für London 78

20 **Clerkenwell** – Galerien und Designerlofts 80

21 **Tower und Tower Bridge** – Londons Wahrzeichen 84

22 **Spitalfields** – Gentrifizierung live 90

Südlich der Themse 92

23 **Tate Modern** – kontroverse Kunst 94

24 **Globe Theatre** – Shakespeares mittelalterliches Erbe 96

25 **Themsepfad** – Spaziergang mit Spitzenpanorama 98

26 **Southbank Centre** – Kunst, Kultur und Events direkt am Fluss 102

27 **London Eye** – ein Riesenrad zum Millenium 103

28 **Waterloo-Station** – ein Bahnhof wie ein Bienenstock 104

West London 106

29 **Hyde Park** – Londons grüne Lunge 108

30 **Victoria and Albert Museum** – ein Imperium des Kunstgewerbes 110

31 **Harrods** – Klassiker eines Kaufhauses 111

32 **Science Museum** – zwischen Dampfmaschinen und Raumkapseln 114

33 **Natural History Museum** – Wunder der Erde 115

34 **Chelsea** – Szene der Promis, Stars und Trendsetter 116

35 **Holland Park** – Villen zwischen Buchsbäumen und Tulpen 120

36 **Notting Hill** – angesagtes Pflaster der schrillen Kontraste 122

37 **Regent's Park** – grünes Freizeitparadies mit Zoo 128

38 **Sherlock Holmes Museum** – zu Gast beim Meisterdetektiv 130

39 **Madame Tussauds** – Stars aus Wachs 131

40 **Camden Town** – London wie aus dem Bilderbuch 132

Ausflüge 136

41 **Olympiagelände Stratford** – Sportlicher Musterstadtteil 138

42 **Docklands** – vom Schmugglerdock zum Wolkenkratzerviertel 140

43 **Greenwich** – vornehmes Flair an den Themseterrassen 142

44 **Kew Gardens** – Pflanzenpracht im Park 146

45 **Richmond** – Kulturelle Blüte im Grünen 147

46 **Windsor Castle** – Englands Märchenschloss 150

47 **Hampstead Heath** – ein Mekka für Freizeit und Naturschutz 152

48 **Themsefahrt** – faszinierende Flussperspektive 154

49 **Brighton** – Londons kleine Schwester 156

50 **Oxford** – weltberühmter Studienort 158

Register 162

Impressum 164

Goldene Elemente wie hier der Löwe am Tor zum Green Park (unten) überraschen Besucher immer wieder beim Rundgang durch die Stadt – ebenso wie die berühmten Telefonzellen in britischen Rot (oben). Fahnen zeugen nicht nur bei Harrods von Nationalstolz (Mitte).

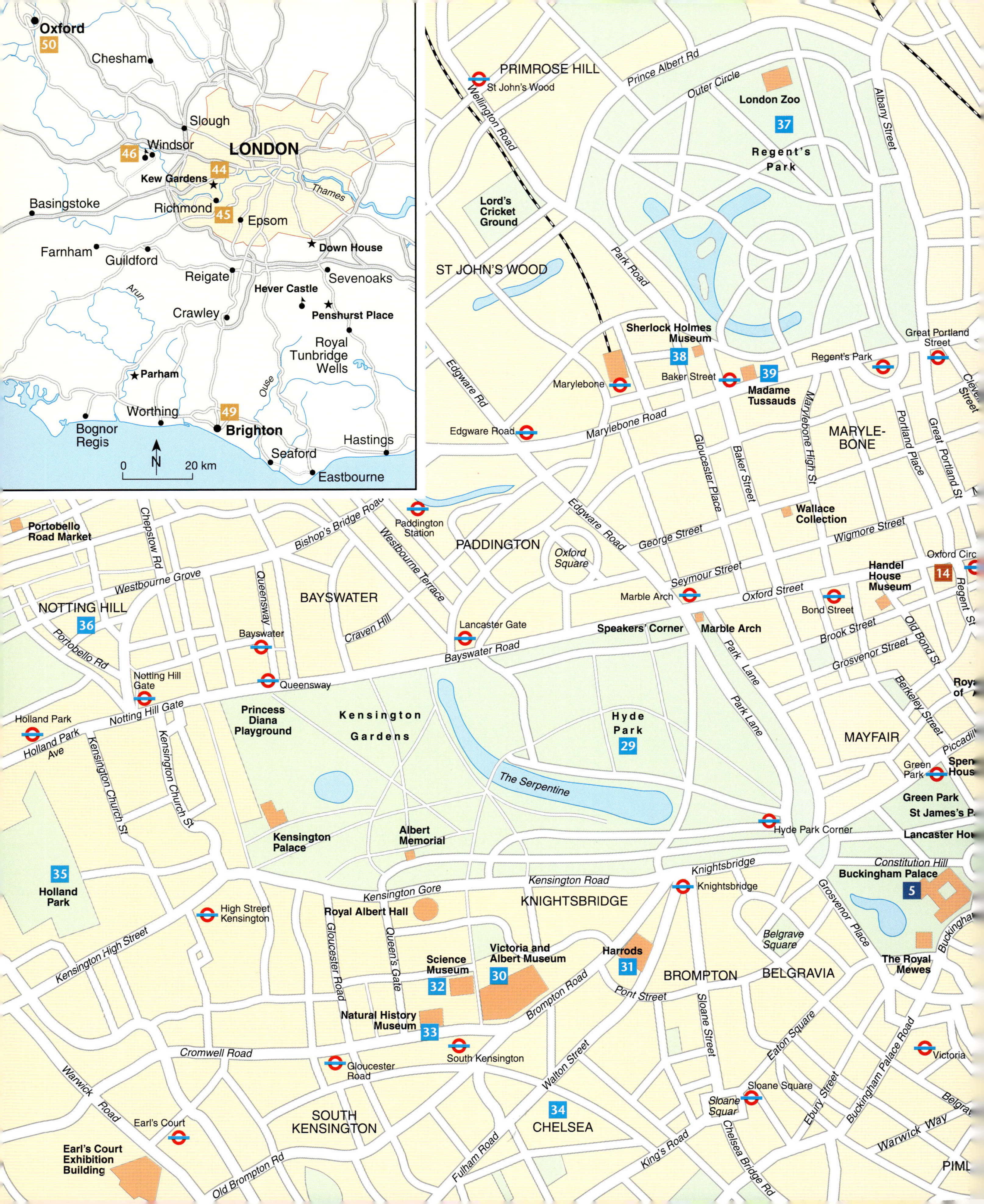
Oxford
50
Chesham
Slough
Windsor
46
LONDON
Kew Gardens
44
Thames
Basingstoke
Richmond
45
Epsom
Farnham
Guildford
Down House
Reigate
Sevenoaks
Arun
Hever Castle
Crawley
Penshurst Place
Royal Tunbridge Wells
Parham
Ouse
Worthing
49
Brighton
Bognor Regis
Hastings
Seaford
Eastbourne
0
N
20 km
PRIMROSE HILL
St John's Wood
Prince Albert Rd
Outer Circle
London Zoo
37
Albany Street
Wellington Road
Regent's Park
Lord's Cricket Ground
ST JOHN'S WOOD
Park Road
Sherlock Holmes Museum
38
Great Portland Street
Edgware Rd
Regent's Park
Marylebone
Baker Street
39
Madame Tussauds
Cleveland Street
Marylebone High St
Portland Place
Great Portland St
MARYLE-BONE
Edgware Road
Marylebone Road
Gloucester Place
Baker Street
Wallace Collection
Portobello Road Market
Chepstow Rd
Bishop's Bridge Road
Paddington Station
Westbourne Terrace
PADDINGTON
Oxford Square
Edgware Road
George Street
Wigmore Street
Oxford Circus
Handel House Museum
14
Westbourne Grove
Queensway
BAYSWATER
Seymour Street
Marble Arch
Oxford Street
Bond Street
Regent St
NOTTING HILL
36
Craven Hill
Lancaster Gate
Speakers' Corner
Marble Arch
Brook Street
Old Bond St
Portobello Rd
Bayswater
Bayswater Road
Park Lane
Grosvenor Street
Notting Hill Gate
Queensway
Berkeley Street
Holland Park
Notting Hill Gate
Princess Diana Playground
Kensington Gardens
Hyde Park
29
Park Lane
MAYFAIR
Piccadilly
Holland Park Ave
Kensington Church St
Kensington Church St
The Serpentine
Green Park
Green Park
St James's Park
Hyde Park Corner
Lancaster House
Kensington Palace
Albert Memorial
Constitution Hill
Buckingham Palace
5
35
Holland Park
Knightsbridge
Kensington Road
Knightsbridge
Kensington Gore
KNIGHTSBRIDGE
High Street Kensington
Royal Albert Hall
Grosvenor Place
Belgrave Square
Buckingham
Kensington High Street
Gloucester Road
Queen's Gate
Science Museum
32
Victoria and Albert Museum
30
Harrods
31
BROMPTON
BELGRAVIA
The Royal Mews
Pont Street
Brompton Road
Natural History Museum
33
Sloane Street
Eaton Square
Cromwell Road
South Kensington
Gloucester Road
Walton Street
Victoria
Warwick Road
Sloane Square
Sloane Square
Ebury Street
Buckingham Palace Road
Belgrave
SOUTH KENSINGTON
34
CHELSEA
Earl's Court
Earl's Court Exhibition Building
King's Road
Chelsea Bridge Rd
Warwick Way
Fulham Road
Old Brompton Rd
PIMLICO

LONDON
N
0
500 m
Underground (Tube)
Highlights in
Westminster und Whitehall
Westend
The City und East London
Südlich der Themse
West London
Ausflüge
CAMDEN TOWN
ISLINGTON
HOXTON
CLERKENWELL
BLOOMSBURY
HOLBORN
SMITHFIELD
SHOREDITCH
SPITALFIELDS
CITY
SOUTH BANK
SOUTHWARK
BOROUGH
WESTMINSTER
LAMBETH
VAUXHALL
KENNINGTON
York Way
Caledonian Road
Upper Street
Angel
King's Cross
King's Cross/ St Pancras
St Pancras Station
Pentonville Road
Sadler's Wells Theatre
Rosebery Ave
King's Cross Road
Gray's Inn Road
Judd St
Euston Road
Euston
Woburn Place
Eversholt St
Euston Square
Foundling Museum
Coram's Fields
Hunter St
Charles Dickens Museum
Guilford St
Byng Place
University College London
Russell Square
Southampton Row
Gower St
Goodge Street
British Museum
Gr. Russell St
Theobald's Road
Inns of Court
Holborn
High Holborn
Chancery Lane
New Oxford Street
Tottenham Court Road
Sir John Soane's Museum
Kingsway
Royal Courts of Justice
Fetter Lane
Fleet Street
Aldwych
Endell St
Covent Garden
Royal Opera House
Charing Cross Rd
Frith St
Wardour St
Shaftesbury Avenue
Leicester Sq
Leicester Square
Chinatown
The Strand
Somerset House
Temple
Savoy Hotel
Victoria Embankment
National Gallery
Charing Cross
Embankment
Trafalgar Square (Nelson's Column)
Regent St
Whitehall
Horse Guards
Banqueting House
Carlton House Terrace
The Mall
Downing Street No. 10
Cabinet War Rooms
Parliament St
Cenotaph
Westminster
Birdcage Walk
Big Ben
Westminster Bridge
Westminster Abbey
Houses of Parliament
Victoria Street
Millbank
Lambeth Bridge
Tate Britain
Pimlico
Cleopatra's Needle
Hungerford Bridge
Waterloo Bridge
National Theatre
Royal Festival Hall
London Eye
County Hall with London Aquarium
York Road
Waterloo
Waterloo Road
Lower Marsh
Westminster Bridge Road
Lambeth North
Florence Nightingale Museum
Lambeth Palace
Lambeth Road
Imperial War Museum
St George's Road
St George's Circus
Borough Rd
London Road
Elephant & Castle
Kennington Road
Kennington Park Road
Walworth Road
Albert Embankment
Thames
OXO Tower
Blackfriars Bridge
Blackfriars
Blackfriars Road
Southwark
Union Street
Millennium Bridge
Shakespeare Globe
Tate Modern
Southwark Bridge
Southwark Bridge Road
Southwark Street
Southwark Cathedral
Borough
Borough High Street
St Thomas St
Fashion and Textile Museum
London Bridge
London Dungeon
City Hall
Tower Bridge
Shad Thames
Tooley St
Design Museum
Tower Hill
Tower of London
The Monument
Monument
Fishmongers Hall
Cannon Street
Cannon Str
Mansion House
Queen Victoria Street
Temple of Mithras
Bank
Bank of England
"The Gherkin"
Leadenhall Market
Lloyd's Building
Cornhill
St Paul's
St Paul's Cathedral
Old Bailey
Newgate
Farringdon Road
Farringdon
Clerkenwell Rd
St John's St
Charterhouse
Barbican
Aldersgate Street
Beech St
Long Lane
Museum of London
London Wall
Moorgate
Liverpool Street Station
Bishopsgate
Commercial Street
Old Street
City Road
East Road
Lever Street
Goswell Road
Percival St
Hampstead Heath
CAMDEN TOWN
Camden Market
Olympiagelände Stratford
CITY
Thames Path
DOCKLANDS
GREENWICH
Thames
0
2 km
1
2
3
4
6
7
10
11
12
13
15
16
17
18
19
20
21
22
23
24
25
26
27
28
40
41
42
43
47
48

FORTE
22

Erfrischender Brunnen am Trafalgar Square, im Hintergrund zu sehen: St Martin-in-the-Fields.

Einleitung

Millionenmetropole mit vielen Facetten

An der Themse, hier an der Southwark Bridge, schweift der Blick oft in die Weite (rechts). Genau hinsehen lohnt: die viktorianischen Dachverstrebungen des Smithfield Market in Clerkenwell (oben). Der vielbeschworene britische Humor hilft diesem Bobby über die hohen Anforderungen des Alltags hinweg …

Trendsetterin und traditionsreich

Kaum eine andere europäische Stadt ist eine derartige Trendsetterin wie London. Hier blühen neue Kulturen auf ebenso wie alte Traditionen gepflegt werden. Das macht eine Mischung, die irgendwie anders ist – London eben.

Ganz so kompromisslos wie Groucho Marx muss man Londons Wetter vielleicht nicht sehen. Der berühmte US-Komiker mochte London eigentlich nur im Nebel. »Ich bin abgereist, weil das Wetter zu gut war. Ich hasse London, wenn es nicht regnet.« Mag sein, dass der Marx-Brother eine extreme Beziehung zum nassen London hatte, aber Regen gehört zu Londons Image wie die Tower Bridge und die Kronjuwelen. Immerhin verzeichnet die Themsestadt eine geringere Niederschlagsmenge als Sydney, New York oder Rom. Das Besondere an London aber ist die Unbeständigkeit. Selbst wenn es sonnig aussieht, kann im nächsten Moment schon ein Schauer vom Himmel prasseln. So ist es besser, stets einen Regenschirm in der Tasche zu tragen, wenn man sich auf Erkundungstouren durch die Stadt begibt.

Dabei können sich London-Besucher einen Ehrgeiz aus dem Kopf schlagen: die Stadt gleich nach dem ersten Besuch zu kennen. Kaum eine Metropole ist derart vielfältig wie London. Hier ist schon jedes Viertel eine eigene Kleinstadt, hat seine ganz eigene Atmosphäre, seine Märkte, seine Szene und seine typischen Spezialitäten. Mit mehr als acht Millionen Einwohnern spielt London zudem in der Liga der größten Städte der Welt mit und macht es Gästen schwer, schon beim ersten Besuch einen Überblick über die Geografie zu bekommen. Glücklich ist, wer sich die Namen der wichtigsten U-Bahn-Stationen merken kann.

Wandel am Fluss

Die beste Art, sich der Stadt anzunähern, ist ein ausgedehnter Spaziergang am Ufer der Themse. Sie zieht sich wie ein blaues Band entlang vieler bekannter Sehenswürdigkeiten, allen voran die Tower Bridge. Im Gegensatz zu den 1950er-Jahren, als die Baskülen der Brücke mehrmals am Tag geöffnet wurden, damit Frachter und Dampfer passieren konnten, braucht man heute etwas Glück, um zu beobachten, wie sich die Seitenteile hochklappen. Große Lastenschiffe verkehren kaum noch auf dem Stadtfluss und die kleinen touristischen Ausflugsdampfer schippern auch bei geschlossenen Seitenflügeln unter der Brücke hindurch. Nur noch für Kreuzfahrtschiffe oder bei großen Feiern, wie etwa dem Thronjubiläum der Queen, öffnet sich die

Londons Märkte haben sich zu Geheimtipps für Feinschmecker gemausert (oben). Nicht nur Mütter genießen das (unten). Am schönsten ist die Stadt in der blauen Stunde, wenn sich die Lichter in der Themse spiegeln (Mitte) und die Tower Bridge ihr glitzerndes Kleid anlegt.

knapp 120 Jahre alte Brücke. Doch ob geöffnet oder zugeklappt, die Tower Bridge ist eines der Markenzeichen der Stadt und gibt Besuchern ein klares Zeichen, dass sie angekommen sind in der Hauptstadt der Briten. Hier riecht die Luft nach Flusswasser, garniert mit einem Hauch Schiffsdiesel und über den Köpfen kreisen Möwen auf der Suche nach Nahrung. Manchmal fischen die Wasservögel sogar tropische Fische aus den Fluten; im Jahr 2004 hat eine Möwe einen Piranha geangelt. So präsentiert sich London eben auch im Wasser als multikulturelle Metropole mit Gästen aus aller Welt. Angst vor Piranhas müssen Besucher aber nicht haben, denn die Tropenfische mit den scharfen Zähnen können in den kalten Themsefluten nur wenige Tage überleben. Und gebadet wird hier sowieso kaum noch. Aber dafür mausert sich der Fluss zu einem beliebten Segelrevier; immer mehr Freizeitkapitäne ankern ihre Jachten im ehemaligen Handelshafen. Wo früher die Segler aus Übersee mit Pfeffer, Tee und Zimt entladen wurden, zeigt London heute sein maritimes Gesicht und beweist, wie sich ehemalige Schmuddelviertel zu Glanzstücken der Stadt mausern können. Noch vor 50 Jahren war das Hafenviertel als verrucht und als Hort der Kriminalität verrufen, die Docks mit barackenähnlichen Häusern galten als Schandflecken der Stadt. Heute glänzen sie mit gläserner Hochhausarchitektur, in denen Banker ihre Geschäfte abwickeln oder Verwaltungen von großen Firmen ihren Sitz haben. Dazwischen duftet es aus kleinen Cafés am Wasser in idyllische Jachthäfen nach Kaffee.

Kaffee statt Tee

Apropos Kaffee: Die Bohne hat den berühmten englischen Tee längst eingeholt und in der Hauptstadt sind Cappuccino und Latte macchiato gängige Genussmittel. Am Borough Market werden die Bohnen sogar frisch geröstet, liebevoll vom Barista mit Milchschaum versehen

und zu einem kleinen Kunstwerk im Becher gerührt. Überhaupt lässt es sich vortrefflich über diesen kleinen Markt schlendern und schlemmen. Hier kaufte schon Starkoch Jamie Oliver seine Zutaten und zwischen frisch geräuchertem Bio-Lachs, edlem Blauschimmelkäse und Tiroler Schinken sind auch Olivenölspezialitäten mit Kaffeegeschmack zu finden.
Londons Stadtteile glänzen mit so einigen besonderen Handelsplätzen. Berühmt ist etwa der Columbia Flower Market im East End, auf dem Blumenfreunde auf ihre Kosten kommen. Wie bunte Teppiche liegen Hunderte von Rosenblüten übereinandergestapelt, je nach Saison blühen Tulpen, Primeln oder Astern ganz in der Nähe von Brick Lane in langen Reihen um die Wette. Wer es lieber punkig mag, wandert nach Camden Town. Auf dem Markt, der zu Hippie-Zeiten Berühmtheit erlangte, erinnern Kleider mit üppigem Blumenmuster oder Wackeldackel an die 1970er-Jahre, aber auch Witziges aus der heutigen Zeit lässt sich dort ergattern. Wer eher ganz Altes sucht, der ist auf dem Portobello Market im Edel-Stadtteil Notting Hill wunderbar aufgehoben. Dort werden Antiquitäten feilgeboten.

Grün und kreativ

Künstler sind in fast in jedem Stadtteil von London zu finden und es gibt auch Galerien für jeden Geschmack. Mit seinen beiden Kunstmuseen Tate Britain und Tate Modern rangiert die Themsestadt ganz weit vorn in der Rangliste der wichtigsten Kunstmuseen der Welt. Besonders die Tate Modern sollte sich kein London-Tourist entgehen lassen, sie glänzt allein schon mit ihrer besonderen Architektur in einem umgebauten Kraftwerk und gleicht von außen eher einem industriellen Backsteinklotz denn einem innovativen Kunsthaus. Doch die Kunst hat sich dieses einst so schnöde Versorgungsgebäude erobert, sogar in restaurierten alten Öltanks finden jetzt Performances und Ausstellungen statt.
London ist aber auch immer eine Stadt geblieben, die ihre Bürger nicht vergisst und versucht, ihnen Kunst, Forschung und Technik so nah wie möglich zu bringen. Aus diesem Grund sind die wichtigsten Museen der Stadt gratis, ein innovatives Konzept, um Bildung für alle erschwinglich zu machen. Londoner Städteplaner dachten auch schon früh an die Naherholung. Mit Hyde Park, Kensington Gardens oder Regent's Park sprießen mitten in der Stadt riesige Grünflächen, groß genug, dass so mancher König einst darin jagen ging. Wo früher Hirsche und Wildschweine herumzogen, streiten sich heute höchstens noch Eichhörnchen oder Kaninchen; die vielen Ausflügler haben die großen Säugetiere einfach verdrängt. Dennoch verdienen viele der Parks in London das Siegel ökologisch wertvoll. Die Bäume sorgen für gute Luftqualität und an manchen Ecken wachsen selten gewordene Elsbeeren oder Ringelnattern schlängeln sich durch das Grün.
Trotz Parks, Märkten und Museen ist London vor allem eine Stadt für junge Nachtschwärmer. Ein passender Pub findet sich immer, oft mit Livemusik. Ob Jazz, Soul oder Rock, das Konzert-Angebot ist überwältigend. Und mit etwas Glück sehen Besucher auch Prominente im Publikum. Berühmte Einwohner hat die Stadt ja genug.

Im St James's Park suchen die Menschen ein schattiges Plätzchen (oben), während sie in der Getty Image Gallery berühmte Fotomotive bewundern (Mitte). Im The Cask and Glass Pub genießen die Londoner die Sommernacht (unten).

WESTMINSTER UND WHITEHALL

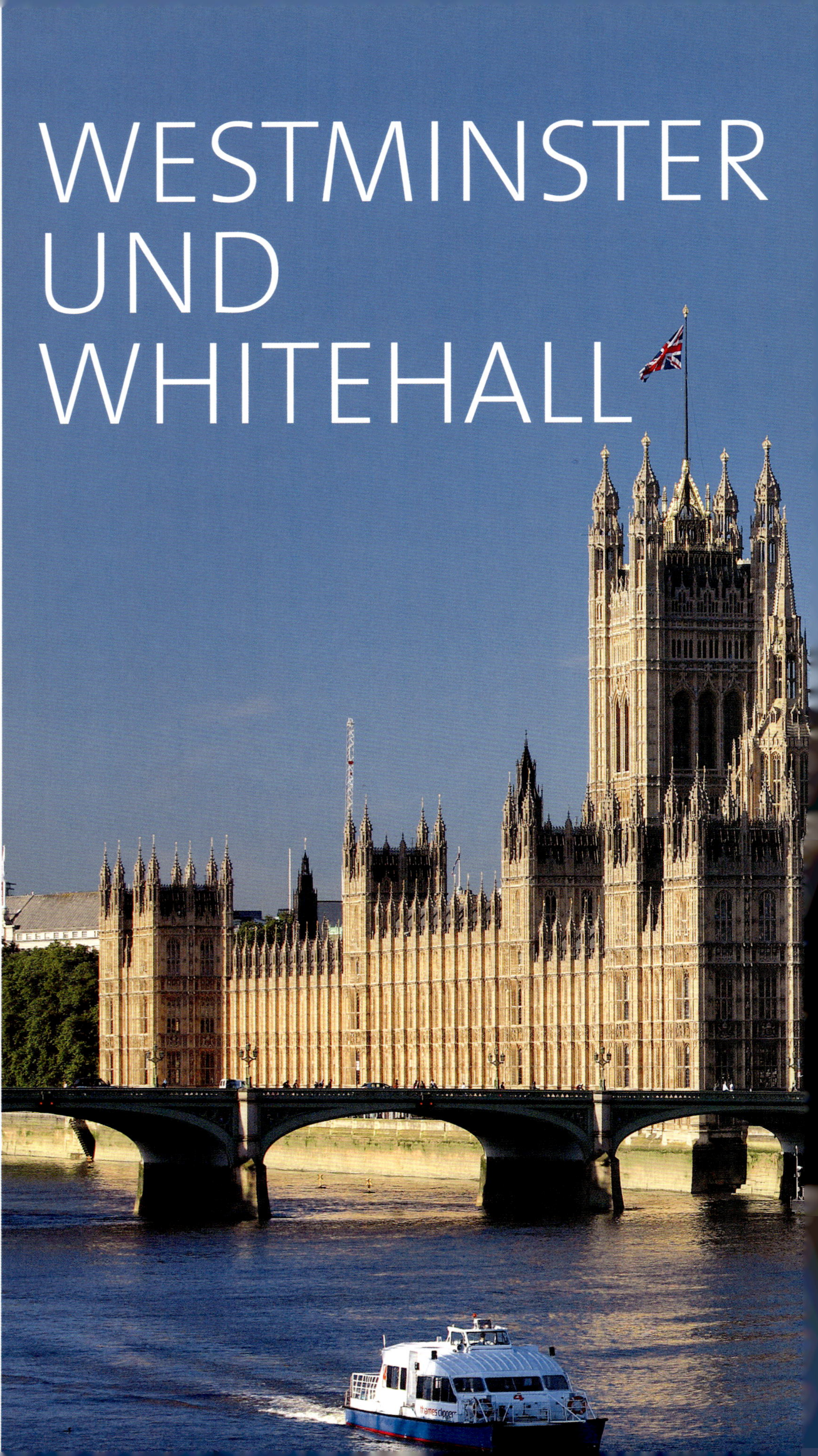

Der St James's Park mit der Horse Guard Parade im Hintergrund (oben). Berittene Wachen in ihren typischen Uniformen (Mitte). Souvenirstand mit »The Coade Lion« am südlichen Ende der Westminster Bridge (unten). Die Houses of Parliament mit dem Glockenturm Big Ben an der Themse (rechts).

Kunstvoll verziert: das Dach des legendären Glockenturms Big Ben (links). Der Turm, der seit kurzem Elizabeth Tower heißt, ist für viele Londoner und Besucher das Sinnbild für die Stadt (rechts unten). Die Londoner genießen ihre Mittagspause gern im nahen St James's Park (rechts oben).

1 Big Ben – Londons Glockenturm

Der Klang der Hauptstadt aus dem Elizabeth Tower

Wenn der Glockenturm Big Ben seine typische Melodie spielt, bleiben nicht nur Touristen zwischen Westminster Abbey und Westminster Bridge stehen und lauschen. Dieser Klang ist der Inbegriff von London. Seit 1859 läuten die Glocken die Stunden ein, und bis heute wird die Uhr von Hand gewartet. Der eckige Turm mit der großen weißen Uhr ist auf zahlreichen Souvenirs verewigt.

Ding-dang-dong-dong, Dong-ding-dang-dong – das Glockenspiel, im Volksmund auch »the voice of Britain« genannt, geht auf eine Arie aus Georg Friedrich Händels Messias zurück und symbolisiert wie kein anderer Klang die britische Hauptstadt. Nicht zuletzt deshalb, weil die BBC traditionell ihre 18-Uhr-Nachrichten mit dem Live-Ton von Big Ben eröffnet. Genau genommen steht der Name Big Ben nur für die größte der fünf Glocken im Turm des Palace of Westminster. Mit fast 13,8 Tonnen ist sie ein echtes Schwergewicht. Big Ben wird seit jeher als Name für den ganzen Uhrturm verwendet. Seit dem 60. Thronjubiläum der Queen im Juni 2012 heißt der frühere Clock Tower übrigens Elizabeth Tower.

Zu Beginn eine Panne

Nachdem der Palace of Westminster 1834 bei einem Feuer zerstört worden war, entschied man sich 1844, dass der Neubau der Houses of Parliament einen 96,3 Meter hohen Uhrenturm enthalten sollte. Die heutige Big Ben, die Great Bell, ist die zweite Glocke im Turm, da bei der ersten die Generalprobe missglückte. Diese im Jahr 1857 von der Whitechapel Bell Foundry gegossene Glocke wog statt der beabsichtigten 14 ganze 17 Tonnen. Da der Schlaghammer zudem zu schwer war, bekam die Glocke einen zwei Meter langen Riss. Sie wurde eingeschmolzen und neu gegossen. Im Oktober 1858 hing dann endlich die neue Glocke im Turm. Im Mai 1859 lief das Uhrwerk und am 11. Juli desselben Jahres hörte London zum ersten Mal ihr Glockenspiel.

Über den Ursprung des Namens Big Ben ist man sich bis heute uneins. Die einen meinen, der Name gehe auf Sir Benjamin Hall zurück, den First Commissioner of Works zum Zeitpunkt der Glockeninstallation. Weil die Namensgebung langwierig diskutiert wurde, soll er in einer Rede gesagt haben: »Why not call him Big Ben and be done with it?« Andere glauben, die massive Glocke sei nach Ben Caunt benannt, einem Schwergewichtsboxer, der seinen letzten Kampf 1857 austrug.

Der Uhrenturm

Der von Augustus Pugin entworfene Glockenturm besteht in seinem unteren Drittel aus beigefarbenem Ziegelstein, seine Spitze aus dunklerem Gusseisen. Der Turm im neugotischen Stil hat vier Uhren, deren Zifferblätter golden umrandet sind, römische Zahlen tragen und einen Durchmesser von gut sieben Metern haben. Die Minutenzeiger sind mehr als vier Meter lang, die Stundenzeiger knapp drei. Im Turmgefängnis saßen Mitglieder des Parlaments bei Verstößen ein. Der letzte Gefangene war Charles Bradlaugh, der sich 1880 geweigert hatte, die religiöse Eidesformel zu leisten. Besonders prachtvoll erstrahlt Big Ben abends und nachts, wenn der Turm hell angeleuchtet wird. Brennt dann eine kleine Lampe über dem Zifferblatt der Great Clock of Westminster, sind die Bediensteten im Parlament noch bei der Arbeit. Besucher können über 334 Stufen den Turm erklimmen, allerdings nur nach Absprache. Big Bens Uhrwerk entwickelten Sir George Airy und Edmund Denison im Jahr 1848. Der Uhrmacher Edward John Dent stellte die Uhr her. Vier Mechaniker, die »keepers of the Great Clock«, ziehen die Uhr dreimal pro Woche mit einem Elektromotor auf. Für die Feinabstimmung braucht es Fingerspitzengefühl: Die Mechaniker legen angeblich nur ein paar Pennymünzen auf das fast 300 Kilo schwere und knapp vier Meter lange Pendel. Big Ben ist übrigens nur viermal stehen geblieben: Einmal ließen sich Stare auf den Zeigern nieder und in der Neujahrsnacht 1962 stoppten eisige Temperaturen die Mechanik. Neben der präzisen Wartung kommt auch die Pflege nicht zu kurz: Alle paar Jahre seilt sich eine Putzkolonne an den Ziffernblättern der Uhren ab, um sie zu reinigen.

ST JAMES'S PARK

Wer Big Ben hinter sich lässt und gen Westen geht, ist bald im St James's Park. Wo früher eine sumpfige Wiese lag, befindet sich heute einer der schönsten kleineren Parks Londons. Zuvor war das Areal in der Nähe von Buckingham Palace und Downing Street königliches Jagdgebiet. Henry VIII. ließ hier Hirsche ansiedeln und am Nordrand des Parks den St James's Palace erbauen, von dem heute nur noch das Eingangstor original enthalten ist. Später wurde der Park der Öffentlichkeit zugänglich gemacht. John Nash gestaltete die Grünanlage 1837 grundlegend um, indem er aus einem früheren Kanal den lang gezogenen See in der Mitte machte. Überall turnen Grauhörnchen durch die Büsche, auf der Insel im See nisten Singvögel. Abends wird der nahe Buckingham Palace feierlich angestrahlt. Mittags ist der Park fest in der Hand der Berufstätigen, die ganz unkonventionell im Anzug auf der Wiese sitzen, in die Sonne blinzeln und Pizza aus dem Karton essen.

WEITERE INFORMATIONEN

Big Ben: Westminster, Parliament Square, Turmbesteigung Mo–Fr 9.15, 11.15, 14.15 Uhr (Voranmeldung), Tel. 020-72193107, www.parliament.uk/bigben, U-Bahn: Westminster; *St James's Park:* U-Bahn: St James's Park

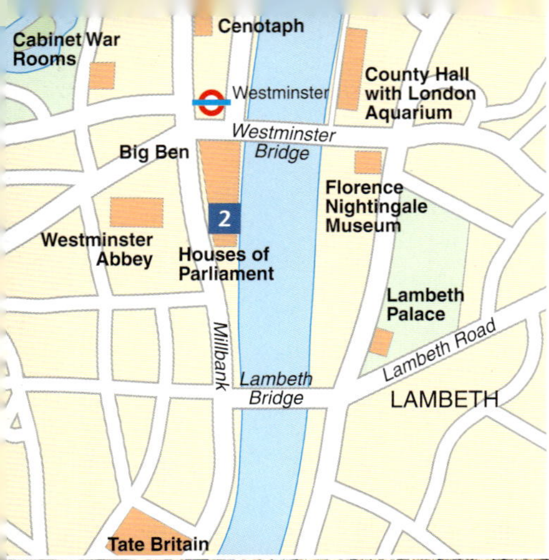

Filigrane Architektur und Türmchen prägen den ganzen Gebäudekomplex (oben). Die Skulptur »Die Bürger von Calais« von August Rodin ist in den Victoria Tower Gardens (unten) zu sehen. Der Palace of Westminster bleibt touristisches Highlight für jeden Besucher (rechts unten). Der massive Victoria Tower prägt Londons Silhouette (rechts oben).

2 Houses of Parliament – Ort heißer Debatten

Der historische Palast des Britischen Parlaments

Der bekannteste Teil des monumentalen neugotischen Gebäudekomplexes ist der Glockenturm Big Ben, der seit 2012 offiziell Elizabeth Tower heißt. In der ursprünglichen Residenz der englischen Könige tagt heute das britische Parlament. Die Houses of Parliament, wie der Palace of Westminster meist genannt wird, blicken auf eine bewegte Geschichte zurück.

Wo heute der Palace of Westminster emporragt, konnte man früher nicht trockenen Fußes entlanggehen. Auch Pferde und Reiter versanken noch vor rund tausend Jahren im Sumpf der Themse-Aue. Der Fluss war damals viel breiter und flacher als heute und spürbar von den Gezeiten der Nordsee beeinflusst. In dem früheren Feuchtgebiet Thorney Island prägen heute Houses of Parliament, Westminster Abbey und St Margaret's Church die Kulisse. Alle drei gehören zum Unesco-Kulturerbe. Die schlichtere StMargaret's Church ist seit 1614 die inoffizielle Pfarreikirche des Unterhauses, hier werden bis heute die Parlamentsgottesdienste gefeiert.

Londons parlamentarische Wurzeln

Knut der Große, der von 1016 bis 1035 regierte, erkannte als erster König die strategisch günstige Lage der Gegend und ließ sich eine kleine Residenz errichten. Mitte des 11. Jahrhunderts legte Eduard der Bekenner den Sumpf trocken und baute einen Palast – gleichzeitig entstand das Kloster Westminster Abbey in unmittelbarer Nachbarschaft. Thorney Island wurde zu Westminster, eine Kombination aus *west*, weil es westlich der City lag, und *monastry* für Kloster. Ende des 11. Jahrhunderts entstand unter Wilhelm II die riesige Westminster Hall, damals die größte Halle Europas, in der nicht nur Recht gesprochen wurde, sondern wo auch die ersten Parlamente tagten und pompöse Krönungsbankette stattfanden. Hier trat etwa die Curia Regis, der mittelalterliche königliche Rat, zusammen. Das Model Parliament, Englands erstes offizielles Parlament, tagte dort erstmals im Jahr 1295. Die Westminster Hall ist heute der älteste erhaltene Teil des Palace of Westminster.
Ab dem späten Mittelalter residierten die britischen Könige im Palast. Das Parlament wurde dann aus Platzmangel gelegentlich sogar in den Wohnräumen des Königs eröffnet. Als 1529 ein Feuer einen Teil des Gebäudes zerstörte, zog Heinrich VIII. in den benachbarten Palace of Whitehall. Zukünftig nutzten nur noch die beiden Parlamentskammern und das Gericht den Westminster Palace. In den

1820er-Jahren führte John Sloane größere Umbauten an dem alten Gebäude durch – bis kurz danach, am 16. Oktober 1834, weite Teile des Palasts abbrannten: Nach einer Steuerreform hatte das Finanzministerium die überflüssig gewordenen Kerbhölzer, die alten Zählstäbe, die vorher zur Steuererhebung genutzt worden waren, im Palasthof verbrannt und das Feuer griff auf das Gebäude über. Die Westminster Hall und der Jewel Tower entgingen der Feuersbrunst.

Der neue Westminster Palace

Nach dem verheerenden Brand dachte man darüber nach, dem Parlament alternativ den Buckingham Palace zur Verfügung zu stellen. Man entschied sich dann aber für einen Wiederaufbau des Westminster Palace. Nach 97 Wettbewerbsvorschlägen entstand der Neubau in neogotischem Stil mit seinen typischen Türmchen und filigranen Verzierungen. Verantwortliche Architekten waren Charles Barry und Augustus Pugin. Die Grundsteinlegung erfolgte am 27. April 1840, bis 1860 waren die meisten Arbeiten abgeschlossen. Das neue Gebäude hat mehrere Türme: Den 98 Meter hohen Victoria Tower von 1365, den Central Tower, den weltberühmten Elizabeth Tower mit Big Ben, den Jewel Tower und den kleineren St Stephen's Tower. Schon bald setzte die Luftverschmutzung durch die explodierende Industrialisierung dem weichen Anston-Kalkstein der Fassade sichtbar zu. Anfang des 20. Jahrhunderts begann man die Fassade abzutragen und mit Clipsham Stone, einem honigfarbenen Sandstein, neu einzukleiden. In den 1980er-Jahren wurde erneut restauriert. Im Gebäude sind die Ratssäle des House of Commons (Unterhaus) und des House of Lords (Oberhaus) heute die wichtigsten Räume. Daneben gibt es rund 1.100 weitere Zimmer, darunter Bibliotheken, Sitzungszimmer, Speisesäle und sogar Bars und Sporthallen. Der Begriff Westminster ist in Großbritannien bis heute gleichbedeutend mit Parlament.

WESTMINSTER HALL

Als eine der größten historischen Hallen mit ungestütztem Dach strahlt das Gebäude aus dem Jahr 1099 bis heute eine große Ruhe und Würde aus, die an eine Kirche erinnert. Bis ins 19. Jahrhundert sprachen die Richter drei verschiedener Gerichte hier ihre Urteile. Neben ganz gewöhnlichen Strafprozessen wegen Diebstahls oder Betrugs fanden in der Westminster Hall auch Staatsprozesse statt, etwa gegen den schottischen Freiheitskämpfer William Wallace, den Märtyrer Thomas Morus oder die Verschwörer des Gunpowder Plot: 1605 versuchten Katholiken während der Parlamentseröffnung den protestantischen König Jakob I., seine Familie und alle Parlamentarier zu töten. Ende des 14. Jahrhunderts wurde die kunstvolle Eichendecke eingezogen, die zu den schönsten und größten ihrer Art in ganz Europa zählt.

WEITERE INFORMATIONEN:

Houses of Parliament: Westminster, Parliament Square, Besichtigung für nicht britische Staatsbürger nur während der Sommerpause und samstags nach Anmeldung, Tel. 020-72193107, www.parliament.uk, U-Bahn: Westminster; *Westminster Hall:* www.parliament.uk/about/living-heritage/building/palace/westminsterhall

Immer gut besucht: der Kreuzgang der Westminster Abbey (oben). Detail aus der Westfassade mit den Märtyrern des 20. Jahrhunderts (unten). Angesichts der großartigen Architektur in London erscheinen die Menschen ganz klein (rechts). Die Westfassade der Westminster Abbey beeindruckt durch ihre Symmetrie (rechts unten). Wandmalerei im Chapter House (rechts oben).

3 Westminster Abbey – die Prunkkirche des Königshauses

Gotteshaus, in der bis heute die Royals heiraten

Die Westminster Abbey ist nicht nur Großbritanniens größter Sakralbau, sondern auch eine der meistbesuchten Kirchen der Welt. Hier wurden bis auf wenige Ausnahmen alle britischen Könige gekrönt und beigesetzt. Monumente und Gedenktafeln erinnern an britische Politiker, Wissenschaftler, Dichter und Künstler. Die Hochzeitszeremonie von Prinz William und Kate Middleton wurde 2011 in alle Welt übertragen.

Schon im 7. Jahrhundert soll an der Stelle der heutigen Westminster Abbey eine klösterliche Gemeinschaft bestanden haben. Belegt ist eine Benediktiner-Mönchsgemeinschaft seit dem Jahr 960. Eduard der Bekenner (Edward the Confessor) ließ hier bis 1065 eine Kirche bauen, starb aber schon wenige Tage nach ihrer Weihe am 28. Dezember desselben Jahres und wurde als erster König von England am Hochaltar bestattet. Im 13. Jahrhundert veranlasste Heinrich III. Umbauten: Die Abtei bekam ein langes Hauptschiff, Seitenschiffe und breite Querschiffe. Ihre Kapellen, Strebebögen und runden Rosettenfenster sind gotisch geprägt. Bis 1745 folgten erneut Erweiterungen und Änderungen, zuletzt nach Plänen von Londons großem Baumeister Christopher Wren. Unter anderem entstanden Anfang des 16. Jahrhunderts eine wunderschöne Kapelle und später die markanten Westtürme. The Collegiate Church of St Peter, Westminster, wie die Kirche aus grauem französischem Stein und Purbeck-Marmor korrekt heißt, gehört keiner Diözese an, sondern ist Eigentum der britischen Monarchie.

Kapelle Henry VII., Krönungsstuhl und Dichterecke

Über dem Haupteingang von Westminster Abbey an der Westseite ragen die beiden markanten viereckigen Kirchtürme in den Himmel. Das Portal rahmen steinerne Darstellungen der christlichen Tugenden Wahrheit, Gerechtigkeit, Barmherzigkeit, Friede sowie die erst 1998 enthüllten Statuen der zehn Märtyrer des 20. Jahrhunderts. Besucher betreten die Kirche heute durch den Eingang im nörd-

lichen Querschiff. Hier steht eine Reihe von Grabdenkmälern für Staatsmänner des 19. und 20. Jahrhunderts. In der Fensterrosette über dem Nordportal von Sir James Thornhill aus dem 18. Jahrhundert sind elf Apostel abgebildet. Besucher werden zunächst zur Kapelle Heinrich VII., auch Marienkapelle genannt, im östlichen Teil der Kirche geleitet. Die 1503 bis 1519 errichtete Kapelle mit ihrem filigranen Fächergewölbe im spätgotischen Perpendikularstil galt als Weltwunder. Tudor-Insignien und kunstvolle Gehänge schmücken die Decke, durch kunstvoll gestaltete Seitenfenster fällt buntes Licht. Beeindruckt stehen die Besucher heute vor dem kunstvollen Chorgestühl, das geschnitzte exotische Tiere zeigt.

Hochaltar, Kapitelsaal und Chamber of the Pyx

Nach ein paar Stufen steht hinter einer Absperrung der Königsthron. Bis 1996 war der schottische Stone of Scone, berühmt als magischer Krönungsstein, unter der Sitzfläche des Stuhls eingelassen, dann wurde er zurück nach Schottland gebracht. Als erster König wurde Wilhelm der Eroberer (William the Conqueror) 1066 in Westminster Abbey gekrönt. Die letzte Krönung war bislang die von Königin Elizabeth II. 1953. In der Kapelle von Edward dem Bekenner diente dessen Schrein über Jahrhunderte als Pilgerstätte. Im südlichen Querhaus sind in der Poet's Corner Englands große Literaten wie William Shakespeare, Jane Austen und Charles Dickens beigesetzt. Der Hochaltar der Kirche ist noch verhältnismäßig jung. Er wurde 1867 nach den Plänen von Sir Gilbert Scott gefertigt. Südlich des Chors schließen sich der Kreuzgang sowie der Kapitelsaal mit Fächergewölbe und kunstvollen Fußbodenfliesen aus dem 13. Jahrhundert an. Der Gewölberaum Chamber of the Pyx, die Schatzkammer hinter dicken Eichentüren, ist der älteste Teil der Abtei (ab 1065). Das Abteimuseum zeigt liturgische Objekte. Der Kreuzgang führt in die grüne Oase des College Gardens mit dem über 900 Jahre alten Kräutergarten der Benediktiner. Das riesige Westfenster von 1735 im Hauptschiff lässt die Besucher staunend verstummen, bevor sie die Westminster Abbey durch das Westportal verlassen. In der Nähe des Ausgangs steht das Grab des unbekannten Soldaten von 1920, das an eine Millionen britische Soldaten erinnert, die im Ersten Weltkrieg ihr Leben verloren.

ST MARGARET'S CHURCH

Gleich neben Westminster Abbey steht die anglikanische St Margaret's Church, die Pfarreikirche des Parlaments. Sie ist zwar sehr viel bescheidener als die Westminster Abbey, aber ebenfalls einen Besuch wert. Besonders angenehm ist, dass sich die Besucher hier nicht drängen wie in der Abbey nebenan. Der Bau aus hellem Stein wurde vermutlich in der zweiten Hälfte des 11. Jahrhunderts als Gemeindekirche gegründet und seine Grundstruktur blieb bis heute erhalten. Sehenswert ist das Westfenster, das Szenen aus dem Leben Sir Walter Raleighs zeigt. Nach seiner Hinrichtung wurde der Seefahrer, Entdecker und Schriftsteller 1618 in der Kirche beigesetzt. Das vermutlich Anfang des 16. Jahrhunderts in Holland gefertigte Ostfenster zeigt die Vermählung von Heinrich VIII. mit Katharina von Aragon. Samuel Pepys und Winston Churchhill heirateten ebenfalls in der St Margaret's Church.

WEITERE INFORMATIONEN

Westminster, Broad Sanctuary, Tel. 020-72225152, Mo–Fr 9.30–15.30 Uhr, Mi 9.30–18 Uhr, Sa 9.30–13.30 Uhr, www.westminster-abbey.org, U-Bahn: Westminster; *St Margaret's Church:* Mo–Fr 9.30–15.30, Sa 9.30–13.30 Uhr, So 14–17 Uhr, www.westminster-abbey.org/st-margarets

Das prächtige Gewölbe
des Chapter House.

Beliebtes Fotomotiv: Wache mit historischer Uniform an der Horse Guards Parade (oben). An den Wachen am Tor zur Downing Street kommen nur geladene Gäste vorbei (rechts). Zahlreiche Kamine und Türme der Horse Guards Parade bilden eine beeindruckende Silhouette (rechts unten). Wachablösung bei den Horse Guards (rechts oben).

4 Whitehall und Downing Street – Zentrum politischer Macht

Ministerien und Regierungsgebäude wie Perlen auf der Schnur

Die Straße Whitehall und ihre Verlängerung Parliament Street verbinden Trafalgar Square und Parliament Square. Entlang der breiten Whitehall liegen zahlreiche Ministerien in repräsentativen Gebäuden aus der viktorianischen Zeit, Denkmäler und Statuen zieren die Straße. Hinter der schmalen schwarzen Tür von Downing Street No. 10 hat traditionell der britische Premierminister seinen Amtssitz.

Eineinhalb Kilometer Regierungsgebäude: Wo ab 1530 die Hauptresidenz der britischen Könige in einem gigantischen Palast war, befinden sich noch heute bedeutende Institutionen der britischen Politik. Whitehall war ursprünglich eine breite Straße zum Palast, während die kleinere Parliament Street am Palast entlang zu den Houses of Parliament führte. Nachdem der Palast, mit mehr als 1500 Räumen einer der größten Europas, der 1698 bei einem Großbrand zerstört worden war, verbreiterte man die Parliament Street. Vom Schloss ist heute nur das Banqueting House erhalten, das der Liebhaber italienischer Architektur Inigo Jones 1622 erbaute. Weil Karl I. hier am 30. Januar 1649 hingerichtet wurde, feiern Royalisten an dieser Stelle jedes Jahr einen Gedenktag.

Die Whitehall entlang

Eine breite Straße mit Bäumen, gesäumt von würdevollen Gebäuden: Geht man die Whitehall vom Trafalgar Square aus Richtung Houses of Parliament, kommt man an vielen alten Regierungsgebäuden vorbei. »Whitehall« ist oft ein Synonym für das Verteidigungsministerium, während mit »Westminster« Parlament und Regierung gemeint sind. Tatsächlich sind an der Whitehall viele militärische Ämter angesiedelt. Auf der rechten Seite liegt das Admiralty House aus hellgelbem Backstein. Ihm schließt sich auf der anderen Straßenseite das Ministry of Defence an. Schräg gegenüber liegt Horse Guards, das Hauptquartier der Armee. Hinter dem großen weißen Gebäude von 1753 im Stil des Palladianismus breitet sich der große Platz Horse Guards Parade aus, auf dem die Wachwechsel zu Pferd

stattfinden. Auf der anderen Seite der Straße hat Schottland mit dem Scotland House seine Vertretung. Nebenan liegt das Cabinet Office und ein paar Schritte weiter folgt hinter einem Gittertor die Downing Street mit dem zurückgesetzt liegenden Haus No. 10, zu dem Besucher keinen Zutritt haben. Weiter die Straße hinunter schließen sich das Foreign and Commonwealth Office und auf der linken Straßenseite das Department of Health an.
Unter den zahlreichen Denkmälern auf der Whitehall ist der Cenotaph das wichtigste. Mit der Inschrift »The Glorious Dead« und einem Kranz aus Stein erinnert das Kriegsdenkmal an die Toten der Weltkriege. Das schlichte weiße Monument befindet sich in der Mitte der Straße nahe der Downing Street. Hier findet jedes Jahr im November die Gedenkfeier zum Remembrance Day statt, an der neben hohen Militärs auch Mitglieder der königlichen Familie teilnehmen und Kränze niederlegen.

Downing Street No. 10

Ein großes Metalltor verschließt die Downing Street an beiden Seiten, Wachleute laufen herum. In den Häusern No. 10–12 haben die wichtigsten britischen Regierungsmitglieder ihre Amts- und Wohnsitze, allen voran der britische Premierminister in Haus No. 10. Dessen schwarze Tür hat übrigens kein Schlüsselloch und kann nur von innen geöffnet werden.
Die Downing Street zweigt von der Whitehall in Richtung Buckingham Palace ab und ist schon seit den 1920er-Jahren immer wieder durch Zugangsbeschränkungen geschützt worden. Dennoch war es möglich, die kleine Straße als Abkürzung zum St James's Park zu nutzen. Das ist seit 1989 nicht mehr der Fall. Die beiden schwarzen Metalltore an den Enden der Straße wurden zum Schutz vor IRA-Anschlägen errichtet. Im Februar 1991 gelang der Terrororganisation dennoch, eine Granate auf das Haus No. 10 abzuschießen.

HOUSEHOLD CAVALRY MUSEUM UND WACHABLÖSUNG

Jeden Tag um 11 Uhr, sonntags eine Stunde früher, kommen zwölf Reiter aus dem Hyde Park geritten und lösen die beiden Wachen des Wachregiments, die Guards der Household Cavalry Mounted Regiments, vor dem Eingang des Gebäudes Horse Guards in einer festen Zeremonie ab. Diese sitzen normalerweise regungslos in ihrer traditionellen dunkelblauen Uniform und einem Helm mit Goldschmuck und roter Quaste auf dem Kopf auf ihren Pferden und bewachen den offiziellen Eingang zum St James's und dem Buckingham Palace. Durch das mittlere der drei Eingangstore dürfen nur Mitglieder der königlichen Familie fahren. Das Zelebrieren der Wachablösung ist immer ein beliebtes Ereignis und Fotomotiv für Touristen. Ein Blick hinter die Kulissen der 1661 gegründeten Kavallerie und Leibgarde der Königin ist im Household Cavalry Museum möglich. Besonders schön: Durch eine Plexiglasscheibe können Besucher die edlen Pferde in ihren Ställen beobachten.

WEITERE INFORMATIONEN

Whitehall/Downing Street No. 10: U-Bahn: Westminster, www.number10.gov.uk
Household Cavalry Museum: Tägl. 10–18 Uhr, www.householdcavalrymuseum.co.uk

5 Buckingham Palace – Die royale Residenz

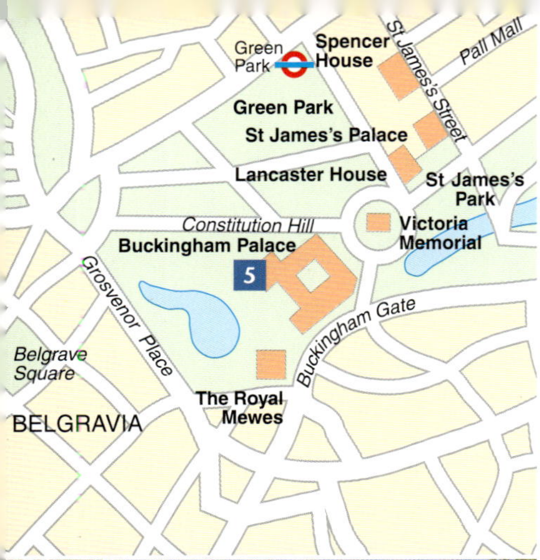

Eingangstor zum Green Park (oben). Die Statuen des Queen Victoria Memorials vor dem Buckingham Palace mitten im Kreisverkehr sind erhöhter Standpunkt für Fotos vom Buckingham Palace (unten). In der Sonne erstrahlt die Siegesgöttin hoch oben auf dem Queen Victoria Memorial vor dem Palast der Royals (rechts).

Wo Queen Elizabeth zur Gartenparty lädt

Besucher dürfen den Buckingham Palace besichtigen, wenn die Queen im Sommerurlaub weilt. Die Queen's Gallery ist als öffentliche Kunstgalerie des Palasts ganzjährig für die Öffentlichkeit zugänglich. Ein Highlight im Sommer ist der tägliche Wachwechsel gegen 11.30 Uhr. Direkt neben dem Palast sind die königlichen Stallungen mit den prachtvollen Kutschen der Königsfamilie ein Besuchermagnet.

Vor den großen schwarzen Metalltoren mit ihren goldenen Spitzen drängen sich Touristen aus aller Welt. Japaner fotografieren, Amerikaner posieren mit den Wachen in roter Uniform und puscheliger Bärenfellmütze, die rechts und links der Eingänge vor ihren grauen Wachhäuschen stehen. Das wiederholt sich jeden Tag. Dass die Queen oder Prinz Philip hier ebenfalls auftauchen und dem wartendem Volk zuwinken, ist allerdings sehr unwahrscheinlich, obwohl sie offiziell im Palast wohnen und arbeiten. Regelmäßig werden ausländische Staatsoberhäupter in dem majestätischen Steingebäude empfangen. Die »Stadtwohnung der britischen Könige mit Büro« geht auf das frühere Buckingham House zurück, das John Nash 1825 zum heutigen Palast umgestaltete. Queen Viktoria erklärte das neue Schloss 1837 zur königlichen Residenz. Vor knapp 100 Jahren bekam der Palast seine heutige Fassade, seitdem steht er als steinernes Sinnbild für die britische Monarchie.

Rundgang durch den Palast

Diese Räume sind ein Statement: Die Größe, Pracht und prunkvolle Einrichtung der Staatsräume zeugen von Großbritanniens Selbstbewusstsein zur Zeit ihrer Erbauung. Der Buckingham Palace entstand, als die Briten die reichste und mächtigste Nation in der Welt waren. Ob die Queen allerdings überhaupt schon einmal in allen Räumen ihres Palasts gewesen ist? 19 der 775 Räume sind Staatsräume. Es gibt 188 Schlafräume für Bedienstete, 92 Büros und 72 Badezimmer. Der Königsfamilie bleiben 52 Räume, inklusive Gästeschlafzimmer. Rund 450 Mitarbeiter arbeiten im Palast. Er ist um einen Innenhof gebaut und 24 Meter hoch. Mehr als 50000 Besucher kommen jedes Jahr zu Banketten, Dinners und Gartenpartys.
Touristen dürfen nur die Staatsräume besichtigen. Wer die langen Warteschlangen hinter sich gelassen und eines der begehrten Tickets ergattert hat, die im Voraus für eine bestimmte Uhrzeit ausgestellt werden, erhält am Eingang

»God save the Queen!« – Mit Glanz und Gloria pflegt das britische Königshaus Traditionen wie die Wachablösung (oben). Königliche Souvenirs (Mitte). The Queen's Gallery (unten), Blick vom St James's Park zum Buckingham Palast (rechts unten). Glücklich, wer geladen ist: Gäste der königlichen Gartenparty (rechts oben).

einen Audio Guide. Menschenmengen schieben sich durch die riesigen Räume, in denen üppige Kronleuchter von den reich verzierten Decken hängen, kostbare Gemälde und Wandmalereien die Wände schmücken und Teppiche und Kunstgegenstände ihren Teil zum Prunk beitragen. Beeindruckend ist allein die große Treppe im Eingangsbereich mit ihren goldenen Ornamenten im Geländer, dem roten Teppich auf dem Fußboden und der großen runden Lichtkuppel. Staatsbankette finden im Ballsaal statt. Bei den formellen Abendessen zu Ehren ausländischer Staatsoberhäupter speisen nicht selten 150 geladene Gäste von goldenen Tellern. Zur größten Abendgesellschaft werden alljährlich im November die Angehörigen des ausländischen diplomatischen Korps, die in London ansässig sind, eingeladen. Dann prozessiert die gesamte königliche Familie durch die Staatsgemächer. Früher mussten die Besucher des Hofes übrigens Uniform oder Kniebundhosen tragen. Dieses überalterte Hofzeremoniell hat Elizabeth II. radikal modernisiert. Heute hat auch nicht mehr nur die Oberschicht Zugang zum Palast, sondern auch ganz normaler Bürger werden hier empfangen – etwa bei einer königlichen Gartenparty.

Queen's Gallery

Im Buckingham Palace befinden sich Kunstwerke von unschätzbarem Wert, darunter Originale von Rembrandt, Rubens und Canaletto. Der Palast birgt auch wertvolle Möbel, Bilder und Wandbeschläge, eine der kostbarsten Kunstsammlungen der Welt. Diese gehört wie der Palast selbst dem britischen Staat.

Während die Staatsräume nur im Sommer öffentlich zugänglich sind, wenn die Queen im Balmoral Castle Urlaub macht, ist die Queen's Gallery ganzjährig für das Publikum geöffnet. In den Räumen der öffentlichen Kunstgalerie sind thematisch wechselnde Ausstellungen zu sehen und immer wieder andere Exponate aus der große Sammlung der Royal Collection. Die Galerie eröffnete 1962. Sie befindet sich in einem Neubau an der Stelle, wo eine Fliegerbombe im Zweiten Weltkrieg eine Kapelle von 1843 zerstörte. Zuletzt zeigte die Queen's Gallery 2012 die bislang größte Ausstellung von Skizzen Leonardo da Vincis vom menschlichen Körper. Die Originale zur Anatomie gehören zu den wertvollsten Schätzen der Royal Collection.

Changing of the Guard

Von Mai bis Ende Juli versammeln sich an den Vormittagen besonders viele Touristen vor dem Buckingham Palace: Alle wollen den traditionellen Wachwechsel miterleben, der in den Sommermonaten jeden Tag um 11.30 Uhr, sonst abhängig vom Wetter alle zwei Tage zelebriert wird. Die neuen Wachen treffen um diese Zeit aus den Wellington Barracks auf dem Palastvorplatz ein. Auf ihrem Marsch werden die Soldaten von einer Musikkapelle mit Pauken und Bläsern begleitet. Auch einige Polizisten sind anwesend, um für Ordnung zu sorgen. Alle Wachen tragen die typische Uniform aus schwarzer Hose, roter Jacke und der großen schwarzen Bärenfellmütze. Ihr Fahnenträger folgt der Kapelle. Auf dem Palastvorplatz spielt diese dann zum Erstaunen mancher Zuschauer modernere, jazzigere Töne. Insgesamt dauert die feierliche Wachablösung fast eine Dreiviertelstunde. Wenn die neuen Wachen ihre Position eingenommen haben und die alte Wachgarde mit der Musikkapelle abgezogen ist, löst sich der Pulk der Touristen bald in Richtung Green Park und St James's Park auf.

Royal Mews

Prachtvolle Kutschen und edle Rassepferde, so weit das Auge reicht: Die königlichen Stallungen, die Royal Mews, liegen gleich neben dem Buckingham Palace und ziehen ebenfalls die Besucher an. Hier stehen die Kutschen des Königshauses, in denen die Mitglieder der Königsfamilie zu offiziellen Anlässen fahren. So eröffnet die Queen das Parlament immer erst, nachdem sie in der Irish State Coach dorthin gebracht worden ist. Neben den alten von Pferden gezogenen Kutschen sind auch moderne Ausführungen mit Motor sowie Limousinen Teil des Fuhrparks. Das am meisten bewunderte Ausstellungsstück ist ohne Zweifel die reich verzierte Golden State Coach. Die für Georg III. 1762 gebaute Rokokokutsche wiegt fast vier Tonnen und es werden acht Pferde benötigt, um sie zu ziehen. Seit 1821 hat sie jeden britischen Monarchen zur Krönung gefahren. Besucher können auch einen Blick auf die traditionellen rot-beigefarbenen Jacken der Kutscher werfen, bevor sie die Pferdeställe besichtigen. In den königlich vornehmen mit weißen Geländern abgeteilten und an der Rückwand hellgrün gekachelten Boxen stehen Pferde der seltenen Rasse Cleveland Bays sowie ausgeglichene Windsor Greys, die zu allen offiziellen Anlässen die edlen Kutschen ziehen.

KÖNIGLICHE GARTENPARTY

Die Gartenpartys im großen Landschaftsgarten hinter dem Buckingham Palace sind legendär. Schon Stunden vor dem offiziellen Beginn um 16 Uhr stehen die geladenen Gäste Schlange am Tor und bieten Neugierigen einen Blick auf ihre Garderobe, zu der immer ein Hut oder Zylinder gehört. Wer es zusammen mit Tausenden anderen geladenen Gästen durch die Ausweiskontrolle in den Garten geschafft hat, flaniert durch den von William Ailton und John Nash gestalteten Park. Um Punkt 16 Uhr betritt die Queen den Garten, die Nationalhymne erklingt und es werden Tee und Sandwiches serviert. Im Rosengarten wachsen Rosensorten mit Namen wie »Royal William« und »Gracious Queen«. Neben weiteren Kunstwerken steht auch die legendäre Waterloo-Vase aus Marmor im Rosengarten. Napoleon gab sie in Auftrag, um seine Siege zu feiern, aber sie war für den Transport zu schwer. Gegen 18 Uhr erklingt die Nationalhymne erneut und die Queen zieht sich zurück. Die Gartenparty ist zu Ende.

WEITERE INFORMATIONEN

Buckingham Palace Road: U-Bahn: St James's Park; *Royal Collection:* Täglich 9.45–17.30 Uhr geöffnet; *Royal Mews:* Täglich 10–17 Uhr geöffnet, www.royalcollection.org.uk, www.royal.gov.uk

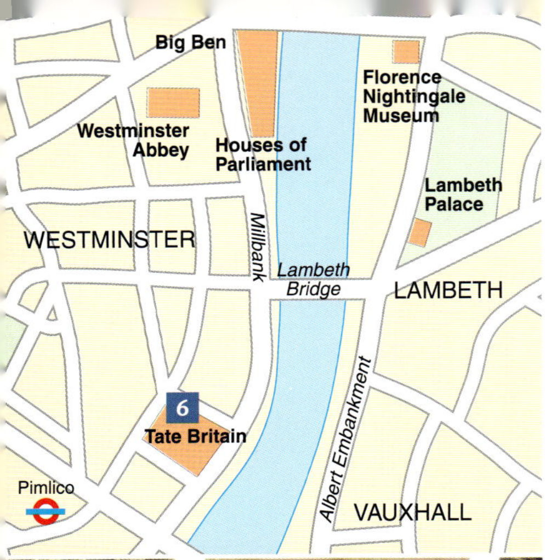

Seit jeher ist die Tate Britain ein Publikumsmagnet (oben). In der Galerie finden sich alte Meister genauso wie moderne Installationen (rechts). Der Eingangsbereich erinnert mit seinen Säulen an einen Tempel und ist mit wechselnden Bannern geschmückt (rechts unten). Dagegen eher unscheinbar: Das Freud Museum (rechts oben).

6 Tate Britain – Kunst für Kenner

Das Aushängeschild der britischen Kunst

Hinter den mächtigen Säulen eines neoklassischen Gebäudes am Themseufer macht die weltgrößte Sammlung britischer Kunst vom 16 bis 21. Jahrhundert ihre Aufwartung. Die Schenkung von Zuckermillionär Sir Henry Tate legte den Grundstein: Tates private Sammlung mit 60 Gemälden namhafter britischer Künstlern zog 1897 in die Tate Gallery ein.

Manchmal sind die sechs großen Säulen am Eingang bunt angemalt, dann wieder hängen dazwischen große Plakate: Schon von außen wird signalisiert, hier geht es um Farbe, Form und Komposition. Die im von Sidney R.J. Smith entworfenen neoklassizistischen Gebäude gezeigte Kunst sollte sich ursprünglich auf britische Künstler beschränken, die nach 1790 geboren wurden. Doch Schenkungen wie der Nachlass von William Turner erforderten eine Neuorientierung. Dabei lag der Schwerpunkt auf englischer Malerei vom 16. bis zum späten 19. Jahrhundert und internationaler Malerei der Moderne ab 1880. Dieser Part wurde im Jahr 2000 in die Tate Gallery of Modern Art, kurz Tate Modern, ausgegliedert. Seither konzentriert sich die Tate Britain wieder ganz auf britische Kunst.

Durch die Galerien

Trotz der spürbaren Konkurrenz der sehr beliebten und erfolgreichen Tate Modern bleibt die Tate Britain ein Publi-

kumsmagnet. Seit Frühjahr 2000 bieten fünf zusätzliche Ausstellungsräume mehr Platz für Werke von Thomas Gainsborough, David Hockney, William Blake und vieler anderer britischer Künstler. In den neuen Linbury Galleries werden vor allem zeitgenössische Ausstellungen gezeigt. Wer die Galerie durch den Manton Entrance betritt, findet gleich linkerhand die jeweils aktuelle Sonderausstellung. Zur Dauerausstellung geht es ins Obergeschoss. Hier gibt es drei thematische Schwerpunkte: das 20. Jahrhundert, Schlüsselwerke der historischen

Sammlung und die zeitgenössische Sammlung. Die Räume für die Werke des 20. Jahrhunderts laden die Besucher an der einen Außenseite des Gebäudes zu einem Spaziergang ein. Sie flanieren an Werken von James Abbott McNeill Whistler, Barbara Hepworth, Francis Bacon and David Hockney vorbei. In der historischen Sammlung reicht das Spektrum von den Tudor Portraits von Nicholas Hilliard über die Landschaftsbilder des 18. Jahrhunderts von Thomas Gainsborough und George Stubbs bis zu den Präraffaeliten Sir John Everett Millais und Holman Hunt. »The Space Between« nennt sich ein Teil der zeitgenössischen Ausstellung, die auf der rechten Seite der Etage Arbeiten von Ian Kiaer, Garth Evans and Karla Black zeigt. Die Clore Gallery enthält als großer seitlicher Erweiterungsbau von 1987 die umfassende Sammlung der Werke William Turners.

William Turner

Er ist einer der größten Künstler Großbritanniens: William Turner (1775–1851) hat wie kein anderer Brite seinen ganz eigenen Stil entwickelt. Lichtdurchflutete verschwommen flirrende und atmosphärische Landschaftsbilder prägten sein Werk. Turner vermachte sein Gesamtwerk der englischen Nation – rund 300 Ölgemälde und 19000 Aquarelle und Zeichnungen. Immer wieder thematisieren seine Bilder die Schwäche des Menschen angesichts der Naturgewalten. Dabei spielt Turner genial mit dem Licht und stellt durch besonders feine Farbabstufungen Atmosphäre her. Dies zeigt sich bereits in seinem ersten Gemälde »Fischer auf See« von 1796, später hat er seine Technik immer mehr verfeinert. In den Räumen T1–T10 präsentiert die Tate Britain Turners Bilder und Skizzen in zum Teil wechselnden Sonderausstellungen. Turner war mit Goethes Farblehre vertraut, er reiste nach Paris in den Louvre und besuchte Venedig, Rom und Neapel. Seine Eindrücke von dem besonders intensiven Licht und den kräftigen Farben in der italienischen Landschaft verarbeitete er anschließend in seinen Werken. Besonders in Raum T8 hängen viele der Bilder, die Turner weltberühmt gemacht haben: Traumartige, romantisch verklärte Landschaften, die wie magisch mit dem Licht spielen.

MUSEUMSTIPPS FÜR LONDON

Unter London Hunderten von Museen findet sich garantiert für jedes Interesse das passende. Seit 2001 ist zudem der Eintritt in sämtliche staatliche Museen und Galerien kostenlos – ein besonderer Pluspunkt angesichts des hohen Preisniveaus in der britischen Hauptstadt. Da bleibt nur noch die Qual der Wahl: Eines der großen Museen wie das British Museum, die gigantische Galerie Tate Britain oder das Natural History Museum besuchen? Dann sollte man durchaus einen ganzen Tag einplanen. Oder lieber etwas Kleines ganz Spezielles entdecken wie das Freud Museum, das Haus, in dem der Psychoanalytiker Sigmund Freud in London lebte? Fans von Detektivgeschichten sollten sich das Sherlock Holmes Museum in der Baker Street nicht entgehen lassen.

WEITERE INFORMATIONEN

Pimlico, Millbank: Tägl. 10–18 Uhr, Fr 10–22 Uhr geöffnet, Eintritt frei
Tel. 020-78878888, U-Bahn: Pimlico oder Westminster, www.tate.org.uk/visit/tate-britain;
Weitere Museen: www.freud.org.uk, www.sherlock-holmes.co.uk

WESTEND

Seit 1842 schaut Admiral Nelson regungslos von seiner Säule auf den ständig belebten Trafalgar Square hinab (oben). Öffentliche Kunst (Mitte) und immer wieder Einkaufspassagen: Im Westend gibt es an jeder Ecke etwas Neues zu entdecken (unten). Piccadilly Circus ist als Treffpunkt nicht nur bei Nachtschwärmern beliebt (rechts).

RESTAURANT
SUPER

Der Trafalgar Square ist seit jeher Londons öffentliches politisches Zentrum: Hier starten Kundgebungen oder Aktionen (oben). Perfekte Blicke über die Stadt eröffnen sich von der Dachterrasse des Trafalgar Hotels (unten) und von den Löwen am Sockel der Nelson Statue (rechts unten). Die National Gallery (rechts oben).

7 Trafalgar Square – rund um Lord Nelson

Politisches Pflaster und öffentliche Bühne der Stadt

Er gilt als Londons eigentliches Zentrum: Umgeben von bedeutenden Gebäuden ist der kreisrunde Trafalgar Square der größte und vielleicht auch der schönste öffentliche Platz in Großbritanniens Hauptstadt. Hier treffen sich regelmäßig Tausende Einheimische und Besucher zu großen Konzerten, Demonstrationen oder Live-Übertragungen wichtiger Sportveranstaltungen.

Londons zentraler Platz zählt 15 Millionen Besucher im Jahr und soll damit unter den größten Touristenattraktionen der Welt an vierter Stelle liegen. Er ist als ein kulturelles und politisches Zentrum auch immer wieder Schauplatz für Events wie ein großes Comedy-Festival. 2007 wurde der Platz mit Rollrasen bedeckt und verwandelte sich für zwei Tage in einen Park. In den 1980er-Jahren fanden vor dem South Africa House mit der südafrikanischen Botschaft regelmäßig Demonstrationen gegen die Apartheid-Politik statt. 2009 besetzten Klimaschützer den Platz während der Weltklimakonferenz zwei Wochen lang.

Lord Nelson in der Mitte

Lord Nelson überragt den Platz und ist von überall bestens zu sehen: Mitten auf dem Platz thront er auf einer 51 Meter hohen Säule. Die dankbaren Londoner setzten dem berühmten Kriegsherren das Denkmal für seinen Sieg in der Schlacht von Trafalgar im Jahr 1805 über die Franzosen und Spanier. Nelson wurde damals in der Schlacht getötet, nach London gebracht und in der St Paul's Cathedral beigesetzt. Den Trafalgar Square plante John Nash im Jahr 1820, in seiner heutigen Form realisiert wurde er von 1840 bis 1845. Am Platz laufen wichtige Straßen vom Buckingham Palace, von Westminster, dem St James's Palace und der City of London zusammen. Im Jahr 1842 wurde auch die berühmte »Nelson Column« erbaut. Das überlebensgroße Standbild des Admirals auf der Säule bewachen unten vier große bronzene Löwen, die jeweils zu einer Ecke des Platzes blicken. Früher war der Trafalgar Square für seine vielen Tauben bekannt, doch ein strenges Fütterungsverbot lässt die Zahl der Vögel seit einigen Jahren stark sinken.

Platz der Kunst und der Botschaften

Wer mitten auf dem riesigen runden Platz steht, kommt sich winzig klein vor. Der weitläufige Trafalgar Square lässt die Gebäude besonders erhaben wirken. Am oberen nördlichen Ende des heute ver-

kehrsberuhigten Platzes liegt das Kunstmuseum National Gallery, das die Besucher mit einem markanten Säulenportal empfängt. Daneben befindet sich die National Portrait Gallery, im Nordosten ragt der Turm der Kirche St Martin-in-the-Fields mit seiner blauen Turmuhr in den Himmel. Etwas unterhalb liegt das South Africa House, gegenüber das Canada House, in dem die Konsular- und Kulturanteilung der kanadischen Botschaft untergebracht ist. Eine besondere Verbindung besteht zu Norwegen: Seit 1947 bedankt sich Oslo jedes Jahr mit einem Weihnachtsbaum aus den norwegischen Wäldern für die britische Unterstützung im Zweiten Weltkrieg. Die meist gut 25 Meter hohen Fichten erstrahlen ab Anfang Dezember in den norwegischen Nationalfarben auf dem Trafalgar Square.

Politisches Pflaster

Seit der ersten Hälfte des 19. Jahrhunderts ist der Trafalgar Square Schauplatz politischer Auseinandersetzungen und Bühne für Aktivisten. Obwohl die Stadtväter immer wieder versucht haben, große Demonstrationen zu unterbinden, war und ist der Platz Ausgangspunkt vieler Kundgebungen. Am 8. Februar 1886, der als Schwarzer Montag in die Geschichte einging, machten Arbeiter ihrem Unmut gegen die Arbeitslosigkeit Luft. Der Protest weitete sich zu stadtweiten Krawallen aus. Eine der ersten großen Aktionen im 20. Jahrhundert war die Kundgebung des Comittee of 100, als sich Meinungsführer und Philosophen für den Frieden und gegen Krieg und nukleare Waffen starkmachten. Nach den Terroranschlägen 2005 in London fanden dort Mahnwachen statt.

KUNST IN DER VIERTEN ECKE

In den vier Ecken des Trafalgar Square stehen Podeste. Drei schmücken Standbilder – von George IV., Admiral Napier und General Havelock. Wegen Geldmangels blieb die *fourth plinth*, die vierte nordwestliche Ecke allerdings zunächst leer. Später konnte man sich dann nicht mehr einigen, wessen Standbild dort aufgestellt werden sollte. So blieb das Podest lange Jahre einfach leer. Der jahrzehntelang kahlen Ecke widmeten die Londoner schließlich eine besondere Aktion: Seit 1999 präsentiert die Royal Society of Arts dort wechselnde zeitgenössische Kunstwerke. Mark Wallingers *Ecce Homo*, eine Christusfigur, eröffnete die Ausstellung, Werke von Bill Woodrow und Rachel Whiteread folgten. Weil die Aktion auf große positive Resonanz stieß, rief Londons Bürgermeister 2005 das *Fourth Plinth Programme* ins Leben, das seitdem dafür sorgt, dass hier immer wechselnde zeitgenössische Kunstwerke zu sehen sind.

WEITERE INFORMATIONEN

Trafalgar Square: U-Bahn: Charing Cross, www.london.gov.uk/priorities/art-culture/trafalgar-square; *Kunst am Trafalgar Square:* National Gallery, täglich 10-18 Uhr geöffnet, Fr bis 21 Uhr, www.nationalgallery.org.uk; *Fourth Plinth:* www.london.gov.uk/fourth-plinth

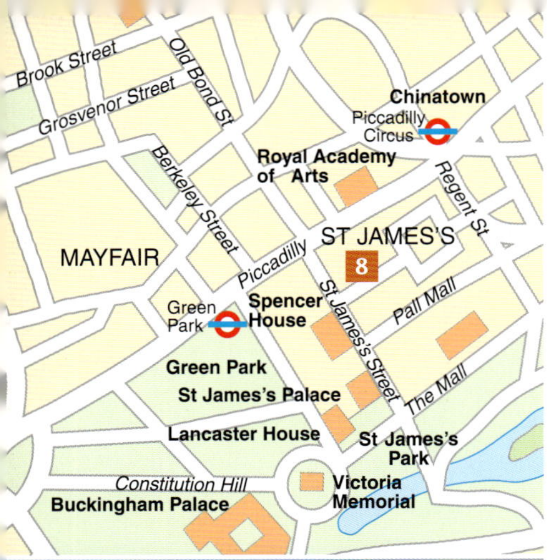

Eros steht mit Pfeil und Boden auf seinem Brunnen am Picadilly Circus (oben). Goldener Schmuck am Zaun zum benachbarten Green Park (unten). Hier lässt es sich vornehm und vor allem trockenen Fußes einkaufen: The Royal Arcade in der Old Bond Street ist eine von Londons unzähligen Shopping-Passagen (rechts).

8 Zwischen Picadilly Circus und Green Park – quirliges Herz der Stadt

Berühmter Kreisverkehr und edle Schneider

Neben Big Ben und dem Tower gehört vor allem ein Platz zu den Wahrzeichen Londons: Am Picadilly Circus fließen die wichtigsten Hauptverkehrsstraßen zusammen. Hier blinkten die ersten riesigen Leuchtreklamen, Kinos und Musikklubs bieten ein abwechslungsreiches Nachtleben. Heute ist der Picadilly Circus auch bei Tag einen Abstecher wert – und nachts sowieso.

Dass der vielleicht berühmteste Platz Londons einmal nach seinen Schnitten benannt werden würde, hatte sich der Schneidermeister Baker wohl nicht träumen lassen. Er fertigte hier im Viertel steife Hemdragen mit dem einprägsamen Namen Picadil. Die Kragen liefen derart erfolgreich, dass Baker sich eine schöne Villa erbauen ließ, die im Volksmund fortan Picadilly Hall genannt wurde. Ein neuer Name war geboren, nicht nur für ein Haus, sondern sogar für eine Straße und jetzt heißt der vielleicht quirligste Verkehrsknotenpunkt des Landes also nach einem Kragen.

So manche Hausfassade ist heute kaum mehr erkennbar, derart viele Reklametafeln leuchten hier nachts um die Wette und verwandeln den Platz in ein grell flackerndes Lichtermeer. Auf den breiten Treppenstufen des Brunnens genießen die Menschen den Trubel und warten auf ihre Verabredung, während über ihnen der »Angel of Christian Charity« einen Pfeil in seinem Bogen spannt. Eigentlich war die Statue dem wohltätigen Lord Shaftesbury gewidmet, aber da sie so sehr an den Gott der Liebe erinnert, benannten die Engländer sie kurzerhand in Eros um. Das Denkmal mit der achteckigen Grundfläche stand einst im Zentrum des Picadilly Circus.

Picadilly: prunkvoll, chaotisch, skurril

Noch in den 1960er-Jahren stauten sich die Doppeldeckerbusse und Taxis zu einer langen Reihe und ein mehr oder weniger stockender Verkehrsstrom wand sich um den Fuß der Statue, sodass kaum noch ein Fußgänger auf die andere Straßenseite kam. Das hat sich komplett gewandelt. Stadtplaner entwirrten das Verkehrschaos, indem sie den Brunnen einfach aus der Mitte an den Rand versetzten. Dennoch bleibt der Picadilly Circus einer der wichtigsten Verkehrsknotenpunkte. Zwar ist er nicht mehr der »Mittelpunkt der Welt«, wie ihn das British Empire noch bezeichnete, aber er verbindet die Shaftesbury Avenue unter anderem mit der Regent Street und liegt im Herzen der Stadt. Soho und China-

THE ROYAL ARCADE
Simon Griffin Antiques Limited
agnews

Peter Carl Fabergé war Goldschmied und Juwelier aus St. Petersburg. Opulent geschmückte Fabergé-Eier sind bis heute begehrte Sammlerstücke. Hier das Schaufenster in der Grafton Street. Nicht minder stilvoll shoppt man bei Fortnum & Masons (unten und rechts). Teekannen aus Plastik beinhalten verschiedene Teesorten.

town sind nur wenige Schritte entfernt und auch das Westend mit seinen Theatern und einigen der vornehmsten Hotels und Boutiquen sind in direkter Reichweite.

Auch am Picadilly selbst locken Sehenswürdigkeiten. Zu den skurrilsten zählt die Sammlung »Ripley's believe it or not« mit Merkwürdigem aus aller Welt. Inzwischen hat es sogar in den USA Zweigstellen, doch das Original findet sich in London. Vom Schrumpfkopf bis zum Meteoritenstück, mit Spiegellabyrinthen und nachgebauten Verliesen. Man muss sie mögen, diese Mischung aus Skurrilem und Gruseligem. Fast gegenüber liegt ein Schauspielhaus mit viktorianischem Flair: das Criterion Theatre. Der unterirdische Bau mit seinem rosa-weißen Intérieur, den vielen Spiegeln an den Wänden und den Verzierungen an der Decke bezaubert mit seiner prunkvollen Atmosphäre. Sehenswert ist auch die große geschwungene Treppe. Vorstellungen hier laufen nicht nur abends, sondern auch nachts oder morgens. Besonders lohnenswert ist das Vier-Personen-Stück »39 Stufen« – Comedy, die sich an einen Hitchcock-Klassiker anlehnt. Der London Pavillon am Platz fällt schon auf den ersten Blick durch seine klassizistisch gehaltene Säulenvorhalle auf. Einst fungierte er als Musikhalle, heute beherbergt er ein großes Einkaufszentrum.

Burlington Arcade und Royal Academy of Arts

Picadillys Umgebung gilt ebenfalls als gute Einkaufsadresse. Zu den berühmtesten Malls gehört neben dem London Pavillon vor allem Burlington Arcade mit edlen Boutiquen und Schuhgeschäften.

Die gediegene Mall befindet sich in der Straße Picadilly, wie die Luxushotels Ritz und Le Méridien, Die Arkaden der längsten überdachten Einkaufspassage Englands stammen aus den 1820er-Jahren. Hier herrscht eine strenge Hausordnung. So dürfen Besucher keine großen Pakete durch die Arkaden schleppen und schon gar nicht pfeifen. Wer hier fröhlich ein Liedchen vor sich hin trällert, wird sehr schnell von den Wachleuten zurechtgewiesen. Die Regel stammt noch aus dem 19. Jahrhundert, als sich hier Prostituierte und Taschendiebe tummelten. Die Prostituierten warnten mit ihren Pfiffen damals die Diebe vor Polizeikontrollen. Als die Polizei das System durchschaut hatte, wurde ein Pfeifverbot erlassen.

Neben Shopping lockt auch Kunstgenuss, in direkter Nachbarschaft befindet sich die Royal Acamedy of Arts. Hier haben William Turner und John Constable studiert. Auch heute noch setzt die Akademie, die Bildhauer, Maler und Architekten fördert, Trends. Besonders bekannt ist sie für ihre Ausstellungen, die auch die Werke junger Künstler präsentieren. Mit ihren Ausstellungen hat die Akademie traditionell einen Großteil ihrer

eigenen Mittel eingenommen. Vor allem die Sommerausstellung hat sich seit Mitte des 18. Jahrhunderts zum Publikumsmagneten entwickelt.

Maßgeschneidertes aus Mayfair

Zu einer Sightseeing-Pause lädt Waterstones ein, eine der größten Buchhandlungen Europas. Nicht nur Bibliophile sollten in dem Haus mit der gebogenen Glasfassade einen Stopp einlegen. Sein Panorama-Café verlockt zum Verweilen. Kein Schaufensterbummler kommt um das Kaufhaus Fortnum & Mason herum, das die vornehme englische Art geradezu verkörpert. Auch ein Blick in die Lebensmittelabteilung lohnt. Konfitüren und Konfekt sind verführerisch zwischen edlem Porzellan, antiken Möbeln und hübschen Döschen angerichtet. Hier wurden die ersten *scotch eggs* und *baked beans* verkauft, Spezialitäten, die aus London heute nicht mehr wegzudenken sind. Das Kaufhaus hat sich auch als Lieferant des britischen Königshauses einen Namen gemacht.

Viele Geschäfte und Cafés in der Picadilly Street gehören der gehobenen Preisklasse an. Vielleicht liegt dies an der Nähe zum Buckingham Palace, gleich auf der anderen Seite des Green Parks. Er ist ein Ausläufer des Hydeparks, beide zusammen ergeben eine riesige grüne Lunge. Citynahe grüne Umgebung hat schon immer wohlhabende Menschen angezogen. So hat sich in dem Carée zwischen Hyde Park, Green Park und Picadilly Street ein ganz eigenes Viertel gebildet: das Mayfair. Es ist Schauplatz einiger Stücke von Oscar Wilde und heute hat die Botschaft der USA hier ihren Sitz. Mayfair gilt als Viertel der guten Anzüge. In der Straße Savile Row haben sich die besten Maßschneider des Landes niedergelassen. Hier kaufen der Prince of Wales, Sean Connery und der König von Bahrain ihre Hemden. So hat sich die Tradition des Schneiderns bis heute gehalten.

NOBLE STADTPALÄSTE

Ein paar hundert Meter südlich von Picadilly Circus liegt der St James's Park. An seiner Nordseite steht ein großes Torhaus aus der Tudorzeit – das letzte Überbleibsel des einstigen St James's Palace, in dem von 1698 bis 1837 die Könige residierten. Zu den sehenswerten Aristokratenhäuser aus dem 18. und 19. Jahrhundert in unmittelbarer Nachbarschaft zählt das Clarence House. Die Kunstsammlung des offiziellen Wohnsitzes von Prinz Charles und seinen Söhnen William und Harry kann besichtigt werden. Das Marlborough House, 1709 von Sir Christopher Wren erbaut, beherbergt heute das Commonwealth-Sekretariat. Im Lancaster House von 1825 finden Regierungskonferenzen statt. Die Vorfahren von Lady Di lebten etwas nördlich im Spencer House, einem prächtigen hellen Stadtpalast von 1766. An manchen Sonntagen sind der authentisch restaurierte Garten aus dem 18. Jahrhundert und einige der Staatsräume im ersten und zweiten Stock zu besichtigen.

WEITERE INFORMATIONEN

Spencer House, 27 Saint James's Place, Tel. 020-7499 8620, U-Bahn: Green Park, www.spencerhouse.co.uk; *Visit London,* 2 More London Riverside, Tel. 020-72345800, Mo–Fr 8.30–18 Uhr, Sa + So 10–16 Uhr, www.visitlondon.com

Von wegen immer nur Tee – in der Bar Italia schmeckt der dunkel gebrannte Espresso wie in Italien (oben). In ganz ferne Welten taucht man am Gerrard Place in Londons Chinatown ab (unten). In der Wardour Street erwecken Ballons und Drachen die Illusion von China. Wo früher Rockgeschichte geschrieben wurde, residieren heute Filmstudios (rechts).

9 Soho – Londons sündige Meile

Nachtleben zwischen Sex-Shops und Chinatown

Soho ist bunt, lebendig, sündig und dabei sehr familiär. Früh prägten Schriftsteller, Künstler und Einwanderer den Stadtteil zwischen Oxford Street und Trafalgar Square. War Soho in den 1960er- und 1970er-Jahren vor allem Londons Rotlichtmilieu, tummelt sich heute an der Old Compton Street eine bunte Mischung aus Geschäftsleuten, Touristen, Prostituierten, Obdachlosen und Künstlern.

Hier schlägt für viele Londoner das eigentliche Herz ihrer Stadt: Wo Brecht seine Dreigroschenoper spielen lässt, ist London auch heute noch am spannendsten. Besungen von so großen Bands wie The Who, The Pogues oder den Kinks ist Soho seit jeher ein Schmelztiegel der Kulturen und freizügiges Rotlicht-Zentrum mit Erotikshops, Pubs und Bordellen. Tagsüber floriert das Geschäft auf Sohos bunten Straßenmärkten. Seit die Schwulenszene den Stadtteil in den 1980er-Jahren entdeckte, ist die Old Compton Street fest in der Hand der sogenannten Gay Communities. Abends lässt es sich hier ausgiebig feiern und bei Tageslicht offenbart sich an vielen Stellen ein Soho, das zwar oft schäbig, aber eigentlich gar nicht so verrucht ist wie sein Ruf. Vielmehr versteckt sich in seinen kleinen Straßen viel Spannendes aus der Londoner Vergangenheit, vor allem rund um die Shaftesbury Avenue. Soho hatte auch einige wirklich berühmte Bewohner: Karl Marx, Charles Darwin und Mozart schlugen hier für einige Zeit ihr bescheidenes Quartier auf und Frédéric Chopin gab Klavierabende in Soho.

Gay: Old Compton Street

In Sohos Old Compton Street reihen sich Schwulencafés an Clubs, Restaurants und Läden. Schräge Vögel und Drag Queens erregen hier kein Aufsehen. Feinschmecker schwören auf besondere Adressen wie die 1926 von Madame Valerie gegründete Patisserie Valerie, die bis heute feinstes Gebäck von der Pastete bis zum Hochzeitskuchen herstellt. Schräg gegenüber bietet die Weinhandlung The Vintage House unter anderem hunderte Whiskeysorten in allen Preislagen zum Verkosten und Kaufen. Kaffeeliebhaber erwerben ihre Bohnen nur in den Algerian Coffee Stores. Seit 1887 gehen hier mehr als hundert Sorten Kaffee über den Ladentisch und die Auswahl an Tees ist ebenso groß. Zu trauriger Berühmtheit gelangte der Admiral Duncan Pub. Hier zündete 1999 ein Neonazi eine Nagelbombe und es gab drei Tote und 79 Verletzte.

COSTUMIER
PERRUQUIER
REAM THE DREAM
Astoria
Les
sérables
LONGEST RUN
o'neill's
Wong Kei
Ladbrokes
Wong Kei
Pedestrian Zone ENDS

Dim Sum, meist gedämpfte chinesische Vorspeisen, serviert man in Spandöschen: Lamm in Spinat (oben), Schweinerippchen (unten). Pub in Soho (Mitte). Zeitungsladen in der Withcombe Street (rechts). Touristen lieben die Wardour Street (rechts unten) und die Carnaby Street, wo der Geist der Sixties weht (rechts oben).

Greek Street und Frith Street

Soho hat seit jeher Einwanderer angezogen, was den Stadtteil maßgeblich prägte. So ließen sich in der Greek Street schon im 17. Jahrhundert viele Hugenotten nieder. Die bunte Mischung der Kulturen machte Soho für Schriftsteller und Künstler attraktiv, und schon bald fanden sie in den ersten Bohemian Cafés rund um die Greek Street Inspiration, schlürften ihren Kaffee und beobachteten das Leben. Das ist bis heute so geblieben. Berühmt ist der alte Pub Pillars of Hercules, eine der Kneipen, in denen man mit etwas Glück heute die Schriftsteller Ian McEwan oder Martin Amis trifft. Neben dem Pub liegt in der Greek Street 2 Londons legendäres ungarisches Restaurant Gay Hussar. An der Ecke zur Old Compton Street genießen die Londoner bei schönem Wetter ihr Frühstück an einem Tisch auf dem Fußweg vor dem blassgrünen Gebäude. Eine nostalgische Institution ist auch das charmante Maison Bertaux gleich um die Ecke, eine kleine französische Patisserie mit dunklen Möbeln. Am nördlichen Ende der Greek Street steht auf dem gemütlichen Soho Square ein schwarz-weißer Fachwerkbau im Pseudo-Tudor-Stil. Die Angestellten der Umgebung verbringen gern ihre Mittagspause auf dem großen Platz.
In der Frith Street, die westlich parallel zur Greek Street verläuft, erinnern die Boxhandschuhe von Rocky Graziano in der Bar Italia an legendäre Boxkämpfe, während noch immer rustikal Knoblauch und Schinken von der Decke hängen. Gegenüber lockt der berühmte Ronnie Scott's Jazz Club seit den 1950er-Jahren Jazz-Größen in die Frith Street. In der nächsten Parallelstraße, der Dean Street, lebte Karl

Marx in den 1850er-Jahren mit seiner Familie. Am oberen Ende der Straße lockt das Soho Theatre mit zeitgenössischen Stücken und Kabarett die Menschen aus ganz London in das bunte Viertel.

Rund um die Wardour Street

Heute ist die Wardour Street fest in der Hand von Filmstudios und TV-Produktionen. Früher schrieb sie Rockgeschichte. Im ehemaligen Marquee Club rockten Größen wie Led Zepplin und Jimi Hendrix. Im Madame JoJo's in der südlich gelegenen Brewer Street ist das Kitsch Cabaret die beliebteste Veranstaltung am Samstagabend. Tagsüber gehen im legendären Lina Stores in der Brewer Street 18 italienische Delikatessen über den Tresen. Die Einrichtung in dem pistaziengrünen Haus stammt noch aus der Zeit der Geschäftsgründung in den 1940er-Jahren. Viele Londoner kommen extra aus anderen Stadtteilen hierher, um die Leckereien zu probieren und ein paar der leckeren Wein- und Knoblauchwürstchen zu kaufen. Etwas westlich der Wardour Street lässt es sich montags bis samstags herrlich auf dem Berwick Street Market stöbern. Der lebendige Straßenmarkt bietet fast alles: Frisches Obst und Gemüse, ofenwarmes Brot, unkonventionelle Kleidung und extravaganten Schmuck. Rechts und links der Stände reihen sich Plattengeschäfte mit Raritäten und Hippie-Läden mit buntem Krimskrams, der perfekte Ort, um einen Nachmittag zu verbummeln. Die Mischung macht's eben in Soho: Gleich um die Ecke liegt wieder ein kleines Rotlichtviertel mit Striptease-Bars und Sexshops.

Chinatown

Südlich der Shaftesbury Avenue, im Gebiet Richtung Lisle Street bis zum Leicester Square, tut sich plötzlich eine ganz andere Welt auf: chinesische Schriftzeichen an den Häusern, Pagoden-Architektur, rote Lampions. Fremde Gerüche ziehen durch die Gassen, Löwen aus Stein sitzen vor den Restaurants und Bars und Drachen zieren die Eingänge. Die Straßenschilder sind zweisprachig, englisch und chinesisch. Auch wenn die Dekoration die Gegend vor allem für die Touristen attraktiv machen soll – bemerkenswert sind etwa die Telefonzellen im Pagoden-Stil – leben seit den 1950er-Jahren in den engen Straßen rund um die Gerrard Street die chinesischen Einwanderer dicht beieinander. Zur heutigen Chinatown entwickelte sich die heruntergekommene Gegend allerdings erst seit den 1970er-Jahren. Ihre fernöstlichen Traditionen pflegen die Exil-Chinesen auch im fernen London mit Hingabe. So feiern sie regelmäßig Ende Januar ihr Neujahr mit einem großen Umzug, bunten Papierdrachen und chinesischer Musik.

Noch aus viktorianischer Zeit stammen die sechs Theater in und um Chinatown. Am Cambridge Circus steht das größte, in dem vor allem Musicals laufen. Beliebt ist auch das Kino Curzon Soho an der Shaftesbury Avenue, das viele ausländische Filme zeigt. Soho soll übrigens nach einem Jagdruf benannt sein, den man in dem kleinen Dorf vor den Toren Londons gebrauchte, aus dem sich der Stadtteil später entwickelte.

SWINGING SIXTIES

Kein Ort ist so sehr mit den 1060er-Jahren verknüpft wie die Carnaby Street im Nordwesten von Soho. In den »Swinging Sixties« stand die Straße für das moderne London. Hier trafen sich die jungen Londoner, hier verkaufte Modeschöpferin Mary Quant ihre revolutionären Miniröcke, das neue Symbol der Jugendkultur, die nicht zuletzt durch Kult-Models wie Jane Shripton und Twiggy den Stil einer ganzen Generation prägten. Der Mod- und der Hippie-Stil kamen auf. Bands wie die Beatles, die Rolling Stones und The Who schufen einen neuen Sound und prägten die Musikszene seit den 1960ern nachhaltig. Die Carnaby Street ist noch immer eine der bekanntesten Fußgängerzonen und Einkaufstraßen Londons. Im Norden reicht sie bis zum bekannten Kaufhaus Liberty's in der Great Marlborough Street. Die Carnaby Street hat jedoch ihre Bedeutung als Modestraße verloren und ist heute vornehmlich touristisch geprägt. Ein Spaziergang durch den früheren Hot Spot der 1960er lohnt aber allemal.

WEITERE INFORMATIONEN

Soho: U-Bahn: Picadilly Circus, Tottenham Court Road oder Leicester Square; *Restaurant Gay Hussar:* 2 Greek Street, www.gayhussar.co.uk; *Carnaby Street:* U-Bahn: Oxford Circus, www.carnaby.co.uk

London feiert sich und die Queen in Covent Garden (oben). Dort ist immer etwas los: Ein Jongleur unterhält seine Zuschauer im Freien mit Kunststücken (unten). Ein Besuch im Royal Opera House lohnt sich immer. Hier treten nicht nur das königliche Ballett, sondern auch ein eigenes Opernensemble auf (rechts).

10 Covent Garden – Londons Marktplatz für Kunst und Kultur

Zwischen Kleinkunst, Glasbauten und My Fair Lady

Eigentlich pflegten Benediktinerinnen hier einst einen Klostergarten. Wo im Mittelalter noch Kürbisse und Kartoffeln geerntet wurden, strahlt London heute italienisches Flair aus. Covent Garden steht mit seinen Straßencafés, der nahen Oper und den vielen Künstlern, die den Platz zur Freiluftbühnebühne umwandeln, für reine Lebensfreude.

Rund um Covent Garden ist immer etwas los. Einradkünstler kurven über das Pflaster und jonglieren dabei mit roten Keulen, nur wenige Meter weiter sitzen afrikanische Trommler und bringen den Beat des Schwarzen Kontinents in die Straßen von London. Hier drängen sich die Menschen in Trauben, um die besten Darbietungen zu sehen. Wer in Covent Garden die U-Bahn-Station verlässt, kann oft vor lauter Menschen kaum etwas von dem schönen Platz sehen. Dabei gilt er als Meisterleistung des Architekten Inigo Jones. Nach italienischem Vorbild entwarf er eine Piazza und gestaltete die Fassaden der umliegenden Gebäude im klassizistischen Stil. Seine Arkaden sind nicht mehr erhalten, aber das Konzept des großen Platzes fand schnell Eingang in die Londoner Stadtplanung.

Trendshopping in der alten Markthalle

Schon im 17. Jahrhundert entwickelte sich am Covent Garden einer der größten und beliebtesten Märkte der City. Äpfel, Birnen, Kirschen oder Rhabarber, aber auch Exotisches wie Zimt, Tee oder Curry gingen über die Standtische. Das Gewusel auf dem bald größten und beliebtesten Markt der Stadt zog Puppenspieler, Gaukler und Musikanten an. Später kamen billige Tavernen und Kaffeehäuser hinzu. Das einst so noble Viertel verwandelte sich im 18. Jahrhundert in ein anrüchiges Rotlichtareal.

Nicht nur die neuen Gesetze der Viktorianer räumten schließlich auf dem Markt auf, sondern auch ein neues Gebäude: Seit 1830 ordnet die Markthalle das Geschehen. Mit ihrer Eisenkonstruktion und ihrem gläsernen Dach ist sie bis heute das Prunkstück des Platzes. Das Konzept ging auf: Das Image der Gegend besserte sich und Covent Garden wurde zum wichtigsten Markt der Stadt. Doch 1974 geriet der Markt erneut in eine Krise. Das Verkehrsaufkommen war zu groß geworden, Staus und Abgase verärgerten die Bewohner, deshalb wurde der Markt nach Nine Elms verlegt. Nur eine Bürgerinitiative rettete die historischen Hallen vor dem Abriss. In den 1980er-Jahren eröffneten Cafés und Boutiquen

Grün in der City: Fußweg in der Kemble Street (oben). Gerne verbringen die Londoner ihre Mittagspause in der alten Markthalle (unten). Die bescheidene St Paul's Church (rechts). Rote Doppeldecker im London Transport Museum (rechte Seite unten) und Kaffeepause im bunten Neal's Yard (rechte Seite oben).

und die sorgfältig restaurierten Hallen wurden zu einem neuen Treffpunkt in der City.
Wer heute unter den Glasdächern wandelt, vorbei an schmiedeeisernen Trägern und verspielten Schildern, trifft auf Erlesenes aus aller Welt. Duftende, handgeschöpfte Seifen, Filzhüte oder Teetassen mit humorigen Motiven. Für die Spezialität aus Paris, die bunten *Macarons*, stehen die Londoner hier ebenso gern Schlange wie für frisch gerösteten Kaffee oder feine Olivenöle. Wer ein besonderes Mitbringsel sucht, findet es hier garantiert.
Mit etwas Glück lässt sich ein Platz in einem der vielen Straßencafés ergattern. Über zwei Etagen erstreckt sich das Angebot an Geschäften und Restaurants, in denen man hier im Innenhof sitzen und eine gepflegte Shopping-Pause machen kann. Denn auch jenseits der Hallen ist Covent Garden zu einem Shopping-Paradies gereift. Weltmarken wie Apple, aber auch Burberry oder Geox bieten in großen Stores Schuhe, Hosen und Handys feil.

Das Royal Opera House

Neben dem Shopping steht Covent Garden aber auch für Kultur. Hier ist eines der berühmtesten Londoner Opernhäuser ansässig. Ein Abstecher in das Royal Opera House lohnt sich, auf der Bühne steht das königliche Ballett sowie das eigene Opernensemble. Der klassizistische Bau mit seinen sechs mächtigen korinthischen Säulen gilt als Aushängeschild des Viertels. Der Bau aus dem Jahr 1858 gehört zu den besten Häusern in ganz England und glänzt mit seinem 2000 Zuschauer fassenden Innenraum. In dem hufeisenförmigen Saal leuchten Lampen

wie goldene Bänder an den Rängen und rote Plüschsitze strahlen klassische Gemütlichkeit aus. Und sogar ein Teil der alten Markthallen wurde inzwischen in das Opernhaus integriert: Ein hufeisenförmiger Erker aus Eisen und Glas ist schon an der Fassade erkennbar und verströmt auch innen sonnige Stimmung. Gerade bei der Mittagsvorstellung besticht diese Halle mit ihrer lichtdurchfluteten Architektur.

Die turmlose Kirche der Schauspieler

Auch St Paul's Church zählt zu den bedeutenden Kulturdenkmälern Covent Gardens. Die von dem berühmten Architekten Inigo Jones entworfene Kirche verblüfft durch ihre Schlichtheit. Im 17. Jahrhundert wollte der Earl of Bedford den neu gestalteten Covent Garden mit einer Kirche bereichern. Allerdings verfügte der sparsame Graf, dass eine Kapelle gebaut werden solle, nicht aufwendiger als eine Scheune. So entstand ein Gotteshaus ohne Turm, aber mit einem zum Platz hin ausgerichteten, klassizistischen Säulenportikus. Zwar ist die Ostfassade zum Platz hin die prächtigere Seite, doch der Eingang liegt im westlichen Teil. Gedenktafeln für Schauspieler wie Charlie Chaplin, Vivien Leigh und Boris Karloff zieren ihn. Der berühmte Maler William Turner wurde hier getauft, der Dichter Samuel Butler und der Dirigent Charles Mackerras beerdigt. Die Musikerin Gwen Stefani heiratete hier. Schon 1662 führte der britische Autor Samuel Pepys unter den Säulen sein Puppenspiel »Punch and Judy« auf. Daran erinnert ein gleichnamiger Pub ganz in der Nähe. Ein Jahr später eröffnete hier das Theatre Royal und zog viele Bühnenkünstler in die Gegend. Dass das Haus heute hauptsächlich Musicals aufführt, liegt in der Historie des Viertels begründet. In dem Musical »My Fair Lady« spielt Covent Garden eine große Rolle. Trifft der vornehme Professor Higgens hier doch die Slang sprechende Blumenverkäuferin Eliza Doolittle. Auch Alfred Hitchcock nutzte das Viertel als Filmkulisse. Sein Streifen »Frenzy« spielt großteils in Covent Garden und gibt einen guten Einblick in die 1970er-Jahre.

Auf den Spuren der roten Doppeldecker

Zwischen Kirche, Theater und Oper locken viele kleine Cafés zur Pause. Einen der schönsten Ausblicke über den Platz bietet das Café des London Transport Museum im Osten des Platzes. Es ist ebenfalls in einer viktorianischen Markthalle mit schönen gusseisernen Arkaden untergekommen. Selbst den Milchschaum des Cappuccinos ziert ein Kakaopulver-Muster im typischen Look der Londoner U-Bahn-Schilder – ein Ring, in der Mitte von einem Balken durchbrochen. Zudem sitzen Cafégäste auf Bezugsstoffen der U-Bahnsitze. Im Museum selbst ziehen die roten Doppeldeckerbusse, eines der Wahrzeichen von London, Besucher an. Auch historische Pferdebahnen, Kutschen, Fahrräder und Boote sind hier zu sehen. Per Simulator dürfen Besucher sogar einen Zug durch Londons Untergrund steuern.

NEALS YARD

Nicht weit von Covent Garden führt eine schmale unscheinbare Gasse zu Neals Yard, einem der schönsten Innenhöfe der Stadt. Wer den Innenhof betritt, befindet sich plötzlich in einem Farbkasten: ultramarinblaue Fensterrahmen, pinkfarbene Türen und orangefarbene Schilder in kunterbunten Häuern. Bäume wachsen in knallbunt gestrichenen ausgedienten Ölfässern und aus den Blumenkästen wuchert langer Efeu. In dieser malerischen Kulisse verkauft Neal's Yard Dairy hervorragende Käsespezialitäten. Berühmt ist der blauschimmelige Rohmilchkäse Stichelton mit seinem naturreinen Geschmack. Nebenan locken Tee- und Kaffeegeschäfte mit ihren feinen Aromen. Kräuterprodukte und Bio-Küche, frisch gepresste Gemüsesäfte sowie Alternativmediziner und begrünte Fassaden machen den Öko-Touch des Viertels aus. Die kleinen Shops hier beweisen, dass gesunde Lebensweise sehr farbenfroh und lecker sein kann.

WEITERE INFORMATIONEN

Neal's Yard Dairy, 17 Shorts Gardens, Tel. 020-7240 5700, Mo–Sa 10–19 Uhr, U-Bahn: Covent Garden, www.nealsyarddairy.co.uk

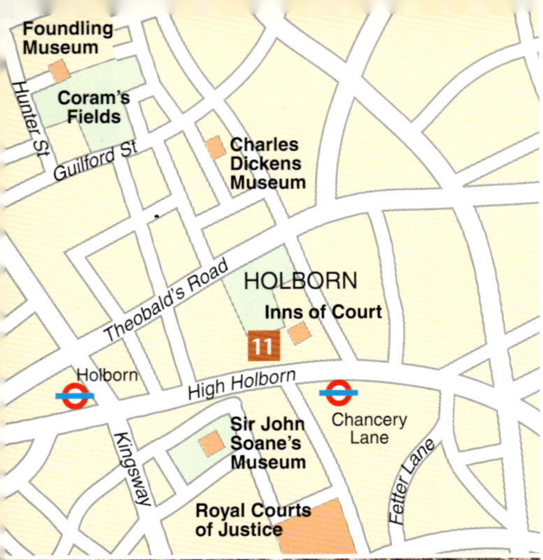

Im riesigen, parkähnlichen Lincoln Inn Fields blühen im Frühling japanische Kirschbäume (oben). Der Middle Temple District mit Temple Church (unten). Würdevoll und beeindruckend ist der Kreuzgang der Lincoln Inn Chapel (rechts unten). Liebhaber exklusiver Silberkunst sind in den Silver Vaults richtig (rechts oben).

11 High Holborn, Inns of Court – ein filmreifes Juristenviertel

Wo die Templer die britische Rechtssprechung prägten

Seit dem 15. Jahrhundert dienen die vier Inns of Court der Zunft der Juristen als Wohn- und Studienort. Bis heute müssen britische Anwälte Mitglied einer der vier Anwaltskammern sein. Das Juristenviertel Londons ist eine Welt für sich. Die charmanten Innenhöfe und Parks zwischen alten Backsteingebäuden und die kopfsteingepflasterten Straßen versetzen in längst vergangen geglaubte Zeiten.

Wer in Großbritannien Jurist werden wollte, musste seine Ausbildung vom 15. Jahrhundert bis ins 19. Jahrhundert an einer die vier Rechtsschulen absolvieren. Edward I. hatte das kirchliche Privileg der Rechtssprechung im Jahr 1292 abgeschafft und damit der Trennung von kirchlichem und weltlichem Recht den Weg geebnet. Seit der normannischen Eroberung Englands war es bis dato nur Klerikern vorbehalten gewesen, am Hof Recht zu sprechen.

Auf den Spuren der Templer

Land und Gebäude der Templer wurden zu Wohn- und Unterrichtsgebäuden für die Rechtsgelehrten. Erst seit 1852 dienen die Inns of Court nicht mehr als alleinige Ausbildungsstätten der Rechtsgelehrten, doch bis heute haben hier vorwiegend Anwälte ihren Sitz. Das beim Großen Feuer von 1666 großflächig zerstörte, aber weitestgehend restaurierte Juristenviertel hat ein ganz eigenes Flair und ist eine beliebte Filmkulisse. Die vier Anwaltskammern haben ein gemeinsames Wappen, das die einzelnen Wappen von Middle Temple, Inner Temple, Gray's Inn und Lincoln's Inn in Klein zeigt.
Gray's Inn und Lincoln's Inn liegen in der London Borough of Camden, Middle Temple und Inner Temple zwischen Themse und Fleet Street. Alle haben ihren Sitz in der City of London, aber verfügen über einen eigenen juristischen Status.
Wer auf den Spuren des alten Ritterordens wandeln möchte, betritt den sogenannten Temple District durch einen großen Torbogen von der Fleet Street aus. Kleine Gärten mit gepflegten Rasenflächen und Beeten laden auf dem Temple-Gelände immer wieder zum Ausruhen ein. Die Temple Church im King's Bench Walk ist wie alle Kirchen des Ordens in Anlehnung an die Grabeskirche in Jerusalem ein Rundbau. Die Kirche aus hell-beigem Stein zwischen Backsteinhäusern wurde von 1161 bis 1185 als Privatkapelle der Tempelritter errichtet und später mehrfach umgebaut. Innen blicken groteske Fratzen von den Wän-

den. Viele Besucher der Kirche sind heute Fans von Dan Brown, dessen »Da Vinci Code« teilweise hier spielt. Bemerkenswert ist auch die alte elisabethanische Stichbalkendecke der Rechtsschule Middle Temple, die aber nur im Rahmen einer Führung besichtigt werden kann.

Zivilgericht und Lincol's Inn

Auf der dem Temple District gegenüberliegenden Seite der Fleet Street steht das imposante Zivilgericht, der Royal Court of Justice. Rund tausend Büros sind in dem türmchengeschmückten neogotischen Bau von 1882 untergebracht, alle Flure zusammen sollen mehr als fünf Kilometer lang sein. Ein Blick hinein lohnt sich: Die große zentrale Halle hat einen schönen Mosaik-Fußboden. Auch die hinter dem Zivilgericht liegende Rechtsschule Lincoln's Inn ist gut erhalten. Ihre Wurzeln reichen bis ins 16. Jahrhundert zurück, manche Historiker vermuten ihre Anfänge gar schon Ende des 13. Jahrhunderts. Die Schule um den fast quadratischen Park Lincoln's Inn Fields hat viele berühmte Studienabsolventen hervorgebracht, etwa den Premierminister William Gladstone und William Penn, der im 17. Jahrhundert die Kolonie Pennsylvania in Amerika gründete. Wie jede der vier Rechtsschulen hat Lincoln's Inn eine eigene Kapelle, die den Juristen früher auch für Amtshandlungen diente. Zu den wichtigsten Gebäuden zählt heute die Old Hall. Die Halle aus roten Ziegeln mit ihren zahlreichen Türmchen und senkrechten Verzierungen war früher Gerichtsort und heute wird sie für Feiern und Vorträge genutzt. Sie gilt als eines der schönsten Gebäude des Gerichtsviertels, wenn nicht sogar ganz Londons. Nach der Besichtigung der Inns of Court verlocken die vielen historischen Kneipen im Viertel und in der Fleet Street zur Einkehr.

SILVER VAULTS

Gleich neben Lincoln's Inn verläuft die Chancery Lane. Hier liegen die London Silver Vaults, zwei lange Gänge mit besonders dicken Mauern hinter einem eher unscheinbaren Eingang. Hier verkaufen rund 30 Geschäfte antike Silberwaren, einige zudem exklusiven Schmuck und antike Uhren. In den gut gesicherten Läden steht alles Erdenkliche aus Silber, darunter Besteck, Kerzenständer und Bilderrahmen, aber auch Extravagantes wie ein kompletter Sessel aus Silber. Die Stücke stammen vornehmlich aus der Zeit, als das Haus von Hannover England regierten und die Silberschmiede sich auf dem Höhepunkt ihrer Kunstfertigkeit befanden. Neben britischen Händlern gibt es in den Silver Vaults auch einige internationale Silberspezialisten. Seit mehr als 50 Jahren gelten die London Silver Vaults als die Institution für alle, die Silber lieben und das eine oder andere ganz besondere Stück erwerben wollen.

WEITERE INFORMATIONEN

High Holborn, Inns of Court: U-Bahn: Temple; *Old Hall:* www.lincolnsinn.org.uk/index.php/history-of-the-inn/historic-buildings-ca/the-old-hall; *Silver Vaults:* Chancery Lane, Tel. 020-7242 3844, Mo-Fr 9–17.39, Sa 9–13 Uhr geöffnet, U-Bahn: Chancery Lane, www.thesilvervaults.com

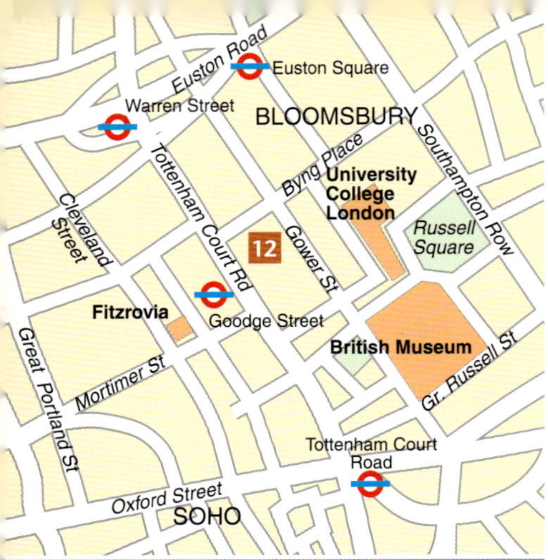

Das alte Hauptgebäude von Londons Universität UCL bei King's Cross (oben). Auch noch im Medienzeitalter lässt es sich im Lesesaal der British Library stilecht in alten Büchern schmökern (unten). Das St Pancras Renaissance Hotel im Literatenviertel (rechts oben). Gäste in der Lobby des Hotels (rechts unten).

12 Bloomsbury und Fitzrovia – Wo Virginia Woolf lebte

Auf den Spuren von Literaten, Künstlern und Musikern

Kaum eine Ecke in London hat in der jüngeren Vergangenheit so vielen Künstlern, Literaten und Musikern als Inspirationsquelle und Lebensmittelpunkt gedient wie die gediegenen Straßenzüge der beiden benachbarten Stadtteile Bloomsbury und Fitzrovia. Virginia Woolf war eine ihrer berühmtesten Bewohnerinnen, später traten hier Pink Floyd, Jimi Hendrix und Bob Dylan in den Clubs auf.

Bloomsbury, zwischen Tottenham Court Road, Euston Road, Gray's Inn Road und High Holborn in Londons City gelegen, ist eng mit Kunst, Bildung und Medizin verknüpft: Im Stadtteil liegen die zentralen Gebäude der Universität von London sowie deren Bibliothek. Bloomsbury hat außerdem zahlreiche weitere Bildungsinstitutionen wie Colleges, Business- und Fachschulen. Mehrere Museen sind in diesem Stadtteil zuhause, das berühmteste ist das British Museum. Darüber hinaus gibt es eine beachtliche Anzahl an Fachkrankenhäusern, etwa das Great Ormond Street Hospital for Children und das Royal London Hospital for Integrated Medicine mit einem Schwerpunkt auf Homöopathie. Die schöne Architektur des Viertels und die vielen formal angelegten Parks und begrünten Plätze zogen seit jeher Künstler und Literaten an. Besonders bekannt ist die Bloomsbury Group, ein Zirkel von Künstlern, Schriftstellern und Querdenkern, der sich hier zu Beginn des 20.Jahrhunderts meist in Privatwohnungen traf, darunter Virginia Woolf, Aldous Huxley, Duncan Grant und Vanessa Bell.

Einflussreicher Literatenzirkel

In der ersten Hälfte des 20. Jahrhunderts lebten und arbeiteten gut 20 befreundete und zum Teil auch verwandte Literaten, Intellektuelle, Künstler und Wissenschaftler in Bloomsbury und Fitzrovia, beispielsweise die Schriftstellerin Virginia Woolf, der Ökonom John Maynard Keynes, der Erzähler E. M. Forster und der Kritiker Lytton Strachey. Obgleich die meist aus wohlhabenden Bürgerfamilien stammenden Mitglieder sich selbst nicht als formale Gruppe betrachteten, beeinflussten ihre Treffen und die Arbeiten der einzelnen Mitglieder die gesamte britische Literatur- und Kunstszene jener Zeit. Revolutionär waren vor allem viele ihrer Ansichten zu neu aufkommenden Themen wie Feminismus, Pazifismus und sexuelle Freizügigkeit, die sie ausgiebig in ihren Werken behandelten und die maßgeblich zu Großbritanniens Modernisierung von Beginn des 20. Jahrhunderts

Von den oberen Stockwerken des Russell Square Hotels blickt man über die Bäume des Platzes (oben). Noch heute ehren viele Menschen Mahatma Gandhi an seinem Denkmal am Tavistock Square (unten). Den Stadtteil prägen viele Plätze: Häuser am Bedford Place (rechts). Riesen-Graffiti (rechts unten) und die British Library (rechts oben).

bis zum Ausbruch des Zweiten Weltkriegs beitrugen. Verwandtschaften, Freundschaften und Ehen hielten das oft komplizierte Beziehungsgeflecht der Gruppe über Jahre zusammen. Während ihrer Treffen, die meist in ihren Wohnungen in Bloomsbury stattfanden, bereiteten die Mitglieder Ausstellungen und kleine Veranstaltungen vor, bildeten Diskussionsrunden und beschäftigten sich mit der Lektüre von Dramen. Die berühmte Virginia Woolf lebte einige Zeit zusammen mit ihren drei Geschwistern in Haus Nr. 46 am Gordon Square in Bloomsbury, von 1907 bis 1911 auch am Fitzroy Square in Fitzrovia. Auch Charles Dickens, der ja Zeit seines Lebens in diversen Londoner Stadtteilen wohnte, war in Bloomsbury zuhause. Charles Darwin lebte zeitweilig in der Upper Grow Street. 1972 war der Musiker Bob Marley für ein halbes Jahr in Ridgmount Gardens 34 einquartiert.

Bloomsburys Gärten und Parks

Viele Londoner schätzen Bloomsbury wegen der schönen Parks und Gärten. Zwischen alten Häusern liegen hier überdurchschnittlich viele gepflegte Grünflächen, die oft formal angelegt sind und einer strengen Symmetrie folgen. Über den Stadtteil hinaus bekannt ist etwa der fast quadratische Russell Square, an einer Seite flankiert von dem markanten ziegelroten Hotel Russell. In der Mitte des Parks, den Humphry Repton ursprünglich gestaltete, plätschert eine Fontäne. Das kleine grüne Häuschen, der Russells Square Cabmen's Shelter, ist eines der letzten der nur noch 13 erhaltenen Londoner Unterstände für Droschkenfahrer, die ab dem Jahr 1875 in der britischen

Hauptstadt eingerichtet wurden. In einem Haus auf der Nordseite des Platzes arbeitete der Schriftsteller T.S. Eliot mehrere Jahre lang, als er Herausgeber bei Faber & Faber war. In der Nähe des British Museums liegt der kleinere Bloomsbury Square. Der im späten 17. Jahrhundert als einer der ersten im Stil der Garden Squares angelegte Park hieß ursprünglich Southampton Square. An beiden Seiten der kleinen Parks standen damals die typischen Stadthäuser, in denen wohlhabende Londoner und Aristokraten wohnten. Im 19. Jahrhundert zog der Adel fort, nun dominierte die Mittelklasse die Gegend. Später wurden zahlreiche Wohnungen in Büros umfunktioniert. Der Komponist und Dirigent Vaughan Williams setzte der kleinen Grünfläche, die im Sommer ein beliebter Treffpunkt ist, in seiner Symphonie Nr. 2, der London Symphonie, ein musikalisches Denkmal. Der leise langsame zweite Satz stellt den Bloomsbury Square an einem trüben Novembernachmittag dar, so der Komponist.

Fitzrovias Literaten und Musiker

Fitzrovia liegt nördlich von Soho zwischen Marylebone und Bloomsbury und

zwischen Euston Road und Oxford Street. Seinen Namen verdankt es vermutlich einer Kneipe, der Fitzroy Tavern an der Ecke Charlotte Street und Windmill Street. Den Stadtteil prägt eine recht ausgewogene Mischung von Wohnungen, Büros, Läden und Schulen. Im früheren Künstlerviertel lebten unter anderem George Bernard Shaw und Arthur Rimbaud. Heute beherbergt Fitzrovia wie die meisten Stadtteile in Londons City eine überdurchschnittlich wohlhabende Bevölkerung, hat aber auch Ecken mit normalen Mietshäusern.

Seit den 1920er-Jahren übte Fitzrovia, wie zuvor auch schon Bloomsbury, eine besondere Anziehungskraft auf Künstler, Literaten und Lebenskünstler aus. In den vielen Kneipen und Cafés tranken, diskutierten, beobachteten und schrieben zum Beispiel Quentin Crisp, Dylan Thomas, Aleister Crowley und George Orwell. Später lebten in Fitzrovia auch einige Ausnahmeerscheinungen der britischen Musikszene oder bespielten hier zumindest Clubs und Bühnen. Im UFO Club im Keller des Hauses Nr. 31 in der Tottenham Court Road trat im Jahr 1967 regelmäßig die psychedelische Gruppe Pink Floyd auf und begründete hier ihre Karriere, bevor der Club für die immer zahlreicher herbeiströmenden Fans zu klein wurde und schließlich wegen Drogengeschäften der Besitzer nach nicht einmal einem Jahr wieder schließen musste. Die Band spielte, wie auch Jimi Hendrix, gern im Speakeasy in der Margaret Street. Elvis Costello und The Who setzten dem Club, der bis in die späten 1970er-Jahre existierte, in ihren Songs ein musikalisches Denkmal. Fitzrovia war immer ein Anziehungspunkt für die Musik ihrer Zeit: Die Musiklegende Bob Dylan hatte ihr London-Debut im King & Queen Pub in der Foley Street und die Band Coldplay formierte sich in Ramsay Hall in der Maple Street. Die Ikone der 1980er-Jahre Boy George lebte vor dem großen Durchbruch in einem besetzen Haus in der Carburton Street.

CHARLES DICKENS MUSEUM

Charles Dickens (1812–1870) hat fast überall im historischen Londons gewohnt. Die 15. Adresse des Schriftstellers war das unscheinbare Ziegelhaus Nr. 48. in der ruhigen, mit Bäumen bestandenen Doughty Street. Zwischen 1837 und 1839 schrieb er hier sein Hauptwerk Oliver Twist. Die Geschichte um das mittellose Findelkind, das aus der Kleinstadt nach London flieht und sich dort als Taschendieb durchschlägt, erschien in dieser Zeit in Fortsetzungen in der Zeitschrift »Bentley's Miscellany«. Schon seit 1925 können Interessierte die Zimmer besichtigen, in denen Dickens lebte und arbeitete. Im Jahr 2012 grundlegend renoviert, lässt sich im Museum jetzt das viktorianische Ambiente der Dickens'schen Zeit hautnah erleben. Es scheint, als hätte der Schriftsteller die Räume nur kurz verlassen. Wer mehr von Dickens' London sehen möchte, kann an einem »Dickens Walk« teilnehmen. Täglich wandeln Dickens-Fans auf einer Führung rund zwei Stunden auf den Spuren des Schriftstellers durch das zentrale London.

WEITERE INFORMATIONEN

Bloomsbury: U-Bahn: Russell Square oder Holborn; *The Charles Dickens Museum:* 48 Doughty Street, Tel. 020-74052127, www.dickensmuseum.com

Assyrische beflügelte Figuren vom Palast Ashurnasirpal in Nimrud im British Museum (oben). Hell, modern und außerdem der größte überdachte Platz der Welt ist der Great Court des Museums. (rechts unten). Die Kolossalstatue von Ramses II. ist einer der Höhepunkte unter den Kunstschätzen des Museums (rechts oben).

13 British Museum – Ausstellungshaus der Superlative

Historische Schätze in moderner Architektur

Es ist eines der ältesten und wichtigsten kulturgeschichtlichen Museen der Welt und bietet mit rund sieben Millionen Ausstellungsstücken genug Eindrücke für mehr als einen Regentag: Das British Museum in Bloomsbury ist Londons beliebteste Besucherattraktion. Und das liegt nicht nur daran, dass der Besuch in diesem Kosmos der Kunst- und Kulturgeschichte keinen Eintritt kostet.

Jährlich mehr als fünf Millionen Besucher zählt das Mega-Museum, und wer alles sehen will, legt im Gebäude vier Kilometer Wegstrecke zurück. Aber alles an einem Tag anzuschauen, ist eigentlich sowieso nur theoretisch möglich. Bis heute ist das Museum auf 94 Galerien angewachsen, in denen Ausstellungsstücke aus aller Welt zu sehen sind. Daher sucht man sich besser gezielt einige Themen aus und kommt wieder, um mehr zu sehen. Regentage gibt es dafür ja genug in London.

Moderne Akzente von Norman Foster

Das British Museum empfängt seine Besucher an der Great Russel Street. Sein Eingang erinnert mit seiner Form und den Ionischen Säulen an einen griechischen Tempel. Die Sammlungen erstrecken sich von griechischer und römischer Antike über das Alte Ägypten und den Nahen Osten bis zur Frühgeschichte in Europa. Das Museum entstand, als der Wissenschaftler und Arzt Sir Hans Sloane im Jahr 1753 seine umfangreiche Literatur- und Kunstsammlung dem britischen Staat schenkte. Dieser beschloss, die wertvolle Sammlung zukünftig unter dem Namen British Museum zu pflegen. Das heutige Gebäude im neoklassischen Stil mit seinem quadratischen Grundriss wurde nach den Plänen von Robert Smirke in den Jahren 1823 bis 1847 umgebaut und erweitert. Noch ganz jung ist hingegen der Great Court: Im Jahr 2000 versah man ihn nach den Planungen von Architekt Sir Norman Foster mit einem gitternetzartigen Stahl-Glasdach – heute ist er mit seinen gut 7000 Quadratmetern der größte überdachte Platz der Welt. Wer das Museum durchstreift, kann sich an diesem zentralen, lichtdurchfluteten Ort orientieren. Hier ist immer etwas los: Musik, viele Besucher im Café oder an den verschiedenen Souvenirständen. In der Mitte des Great Court liegt der legendäre kreisrunde Reading Room, in dem schon Karl Marx studierte und der bis 1998 die British Library beherbergte.

Mumien und der Stein von Rosetta

Ein Publikumsmagnet im British Museum ist die umfassende Sammlung zum Alten Ägypten und dem Sudan mit echten Mumien wie die der Cleopatra von Thebes, großen Granitbüsten, reich verzierten Sarkophagen, alter Schriftkunst und wertvollen Tempelfragmenten. Viele Besucher kommen extra ins British Museum, um die wertvolle Altägypten-Sammlung zu besuchen. Weltbekannt ist der Stein von Rosetta, eine schwarze, halbrunde Stele, in die mit weißer Schrift auf Altgriechisch, auf Demotisch und in Hieroglyphen eine Ehrung des ägyptischen Königs Ptolemaios V. eingemeißelt ist. Die Dreisprachigkeit trug maßgeblich zur Entzifferung der ägyptischen Schrift bei. Das Britische Museum beherbergt heute die größte Sammlung ägyptischer Antiquitäten außerhalb Ägyptens.

Zu den berühmtesten Exponaten im British Museum zählen außerdem Teile des Skulpturenschmucks der Akropolis von Athen. Unter dem Namen Elgin Marbles werden die Teile des weltberühmten Frieses im Raum 18 präsentiert. Benannt sind sie nach dem Botschafter Lord Elgin, der die wertvollen Stücke im Jahre 1801 nach Großbritannien brachte. Die kostbaren Steine waren während des Zweiten Weltkriegs übrigens in den U-Bahnhof Aldwych ausgelagert, um sie vor Bombenangriffen zu schützen. Bis heute flammt immer wieder ein Streit zwischen Großbritannien und Griechenland auf, ob die Elgin Marbles sihren rechtmäßigen Platz wieder in Athen haben müssten. Das neue Akropolismuseum in Griechenland hat deshalb demonstrativ Platz für den Skulpturenschmuck freigelassen.

ECHT BRITISCHE REGENSCHIRME

Wer das perfekte Mitbringsel aus London sucht, bekommt in diesem Laden einen stilechten Regenschirm. Schließlich ist das oft feuchte Klima in Großbritanniens Hauptstadt nicht völlig zu unrecht gefürchtet. Und da die modebewussten Londoner die in anderen europäischen Städten allgegenwärtigen Outdoor-Jacken nicht schick genug finden, gehört ein Schirm zur britischen Grundausstattung. Bei James Smith in der New Oxford Street 53 werden die Kunden erst vermessen, dann wird die richtige Stocklänge errechnet. Schließlich soll der Schirm ja auch als Wanderstock dienen. In dieser Manufaktur ganz im Stil des 19. Jahrhunderts sind gute alte englische Höflichkeit und perfekter Service zu Hause. Besonders schön sind die Regenschirmgriffe mit dem geschnitzten Tiermotiv. Sicher, so ein maßgefertigter Schirm hat seinen Preis: Ab 89 Pfund kostet der Regenschutz bei James Smith. Dafür ist er aber auch garantiert ein Unikat.

WEITERE INFORMATIONEN

British Museum: Great Russell Street, Tägl. 10–17.30 Uhr, Fr 10–20.30 Uhr, Eintritt frei, U-Bahn: Holborn oder Tottenham Court Road, www.britishmuseum.org

Regenschirme: www.james-smith.co.uk

taxi
on - Sun
- Midnight
HAWES & CURTIS
12

Spiel der Lichter: Die Regent's Street nahe dem Picadilly Circus ist so vornehm wie ihr Name.

Schrilles aus London: The Box Boutique in der Maddox Street (oben). Frauenmagnet und beliebtes Fotomotiv ist der Laden der Dessous-Marke Victoria's Secret (unten). Unter dem 1828 von John Nash entworfenen Marmortor Marble Arch durften früher nur Mitglieder des britischen Königshauses hindurch reiten (rechts unten). Die Fachwerkfassade von Liberty's (rechts oben).

14 Oxford und Regent Street – Kaufrausch vorprogrammiert

Traditionskaufhäuser, Designermode und Brit-Schick

Auch wenn London eine der teuersten Großstädte der Welt ist, Einheimische wie Besucher lieben die Stadt als trendige Shopping-Metropole. Hier bekommt einfach jeder, was er mag, von Designermode und echt britischer Handarbeit über das Angebot aller großen Modeketten bis zu Schrillem aus Boutiquen. Fashion-Victims und Kaufrausch-Fans kommen an Oxford Street und Regent Street einfach nicht vorbei.

Kilometerlanges Shoppingvergnügen: Die Oxford Street gilt als Londons bedeutendste Einkaufsstraße. Die umsatzstärkste Europas soll sie obendrein sein. Obwohl sie von sieben Uhr morgens bis sieben Uhr abends nur für Busse und Taxis befahrbar ist, schiebt sich zu Ladenöffnungszeiten ein nicht endender Tross von Fahrzeugen durch die breite Straße. Rund 60 000 Menschen arbeiten allein in den Geschäften der Oxford Street, Tausende weitere in den Shops der großen Ladenketten in der Regent Street, die die Oxford Street kreuzt. Wer alle Läden nach der neuesten Laufsteg-Mode oder klassischem Brit-Style durchstöbern will, sollte neben einer gut gefüllten Geldbörse auf jeden Fall auch mehr als nur einen Tag zum Shoppen mitbringen.

Drei Kilometer Shopping

Die Oxford Street erstreckt sich ganze drei Kilometer lang von Marble Arch an der Ecke des Hyde Parks bis zur Tottenham Court Road, nahe des British Museums. Wer also noch unentschieden erst einmal verschiedene Angebote vergleichen will und dann später zu einem Laden zurückkehren will, legt eine beachtliche Wegstrecke zurück. Kein Wunder, dass mancher da in eines der Taxis steigt, die die Straße regelmäßig geradezu verstopfen. Gleichzeitig drängen sich auf den Fußwegen die Menschen mit Tüten und Taschen. Wer als Ziel eines der großen Traditionskaufhäuser wie John Lewis und Selfridges ansteuert, reist am besten mit der U-Bahn an, denn beide befinden sich nahe der Tube-Station Bond Street. Ein lohnendes Ziel, um etwas Außergewöhnliches zu finden, sind die zahlreichen kleineren Straßen rechts und links der Einkaufsmeile: Das Gebiet nordwestlich der Oxford Street heißt Marylebone, das nordöstlich Fitzrovia. Hier findet man abseits von den großen Menschenströmen kleinere Boutiquen, individuelle Läden und auch einige schöne Restaurants und Cafés, um den müden Füßen vor der nächsten Shoppingrunde etwas Ruhe zu gönnen.

Die Regent Street

Die trubelige Einkaufsstraße Regent Street ist eng mit dem Namen John Nash verknüpft. Der englische Architekt hat die Straßengestaltung und Gebäude maßgeblich geprägt. Die von ihm geplanten Häuser wurden allerdings in den 1920er- Jahren durch Gebäude im Neobarockstil ersetzt. Die 1825 fertiggestellte Straße ist ein Musterbeispiel für die Stadtplanung im England des frühen 19. Jahrhunderts. Eine Einkaufstour die Regent Street hinab beginnt zum Beispiel an der All Souls Church. Diese streckt am oberen Ende der Straße ihren ungewöhnlichen zipfelmützenartigen Turm in den Himmel. Gleich um die Ecke steht das Funkhaus der BBC. Wer von hier die befahrene Verkehrsader hinabgeht, kommt an namhaften Geschäften vorbei, die sich in den stilvollen alten Steinhäusern angesiedelt haben, etwa ein Apple Store, Superdry und, nahe des Oxford Circus, der Spielzeuggigant Hamleys. Am Oxford Circus treffen Regent Street und Oxford Street zusammen. An der Tube-Station kreuzen sich mehrere wichtige U-Bahn-Linien. Der Platz selbst stammt ebenfalls aus der Feder von John Nash. Seit Kurzem dürfen Fußgänger ihn auch diagonal überqueren. Die Regent Street zieht sich von hier weiter bis zum Piccadilly Circus. Kurz vor diesem Verkehrsknotenpunkt liegt an der Hausnummer 68 das frühere Café Royal, ein im 19. Jahrhundert bekannter Treffpunkt der gehobenen Gesellschaft Londons. Zu den Stammgästen zählten der Schriftsteller Oscar Wilde sowie der Dichter und Karikaturist Aubrey Beardsley. Das Café wurde im Jahr 2008 geschlossen und beherbergt heute ein Luxushotel.

LIBERTY'S, EIN KAUFHAUS MIT STIL

Das Kaufhaus Liberty's an der Regent Street/Ecke Great Marlborough Street ist vor allem für seine selbst entworfenen, sogenannten Liberty-Drucke im Art Nouveau-Stil bekannt. Die typischen Muster zieren Krawatten, Blusen und sogar Unterwäsche. Hinter der erst in den 1920er-Jahren errichteten Fachwerkfassade im Tudor-Stil herrscht britisches Understatement. Statt auf teure pompöse Namen setzt das Traditionskaufhaus auf kleinere Modelabels mit eigenem Stil. Mit Erfolg: Die Einheimischen lieben den Einkaufstempel ebenso wie die zahlreichen Touristen. Im Kaufhaus selbst sind neben Kleidungsstücken in gemusterten Stoffen Mitbringsel wie edle Schreibwaren oder ungewöhnlicher Schmuck zu finden. Schließlich soll es sich ja lohnen, dass viele London-Besucher vorausschauend eine leere Tasche mit in die britische Hauptstadt bringen.

WEITERE INFORMATIONEN

Die meisten Läden öffnen Mo–Sa um 10 Uhr und schließen um 19 oder 20 Uhr. Sonntags öffnen viele am Nachmittag, U-Bahn: Oxford Circus oder Tottenham Court Road; *Liberty's:* Regent Street, Mo–Sa 10–20 Uhr, So 12–18 Uhr geöffnet, Tel. 020-77341234, U-Bahn: Oxford Circus oder Picadilly Circus, www.liberty.co.uk

Moderne Bürohäuser an der Aldersgate Street (oben). Blick in die Kuppel von St Dunstan in the West in der Fleet Street (Mitte). Doppeldeckerbusse reihen sich in der Oxford Street hintereinander auf (unten). Der große, überdachte Leadenhall Market lockt heute viele Menschen in eines der zahlreichen Cafés und Pubs (rechts).

THE CITY UND EAST LONDON

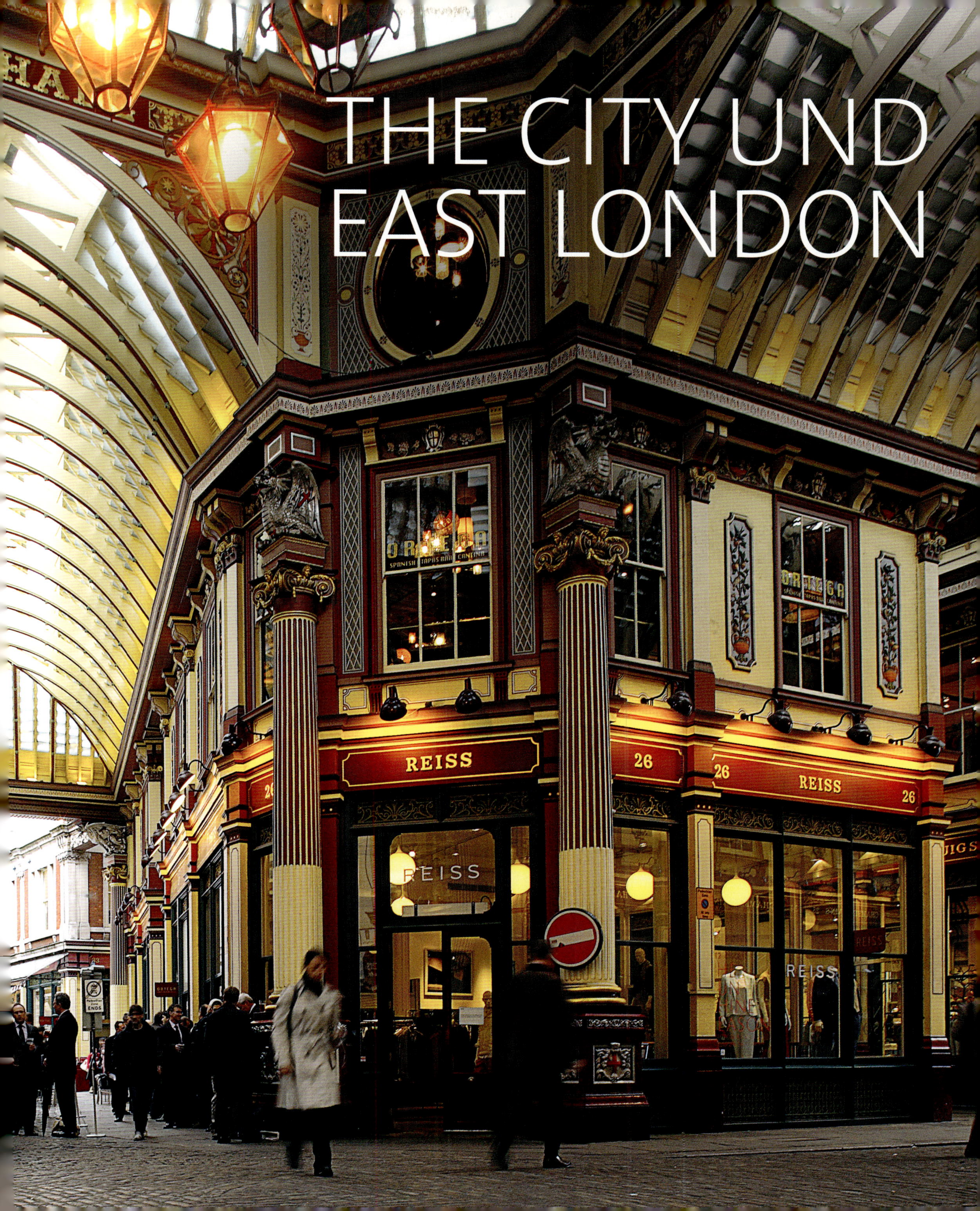

Das reich verzierte Hauptschiff der St Paul's Cathedral (oben). Von außen erinnert die Kirche mit ihrer markanten runden Kuppel an den Petersdom. Besucher genießen von oben einen grandiosen Blick auf London (rechts oben). Der Innenraum beeindruckt durch seine harmonische Aufteilung und die zahlreichen Details an Decke und Wänden (rechts unten).

15 St Paul's Cathedral – Meisterwerk mit Kuppel

Britische Kirchenbaukunst auf der Höhe ihres Könnens

Die barocke St Paul's Cathedral setzte einen Meilenstein in der britischen Kirchenbaukunst. Statt eines Kirchturms baute Christopher Wren Ende des 17. Jahrhunderts eine Kuppel, die bis heute Londons Skyline prägt. 1675 wurde der Grundstein gelegt, um das Gotteshaus schließlich 35 Jahre später zu vollenden. Bis heute gilt die Kathedrale als Wrens Meisterwerk.

Für diese Kuppel stand unübersehbar der Petersdom in Rom Pate: Die kreuzförmige St Paul's Cathedral ist zusammen mit der Westminster Abbey Londons berühmteste Kirche und nach dem Petersdom die größte Kathedrale Europas. Hier heirateten Charles und Diana in einer bewegenden Zeremonie, die Zuschauer in aller Welt an den heimischen Bildschirmen verfolgten, hier liegen historische Größen wie Admiral Lord Nelson, der Duke of Wellington und Winston Churchill begraben. Martin Luther King besuchte die Kathedrale im Jahr 1964 auf dem Weg zur Verleihung des Friedensnobelpreises. Wer die Kirche nicht bei einer Führung, sondern ganz in Ruhe erleben möchte, sollte einen der Gottesdienste besuchen, in denen auch der berühmte Kirchenchor singt. Besonders stimmungsvoll sind die winterlichen Abendandachten, wenn die Kathedrale hell erleuchtet einen Kontrapunkt zum grauen Londoner Nebel setzt.
Nachweislich stehen seit dem Jahr 604 durchgängig Kirchen am nördlichen Themseufer in Londons City. Die heutige St Paul's Cathedral ist die fünfte. Wie unzählige andere historische Gebäude Londons entstand auch sie nach dem Großen Feuer von 1666, das damals weite Teile der Innenstadt vernichtete. Damals wurde Sir Christopher Wren, Architekt, Wissenschaftler und Astronomieprofessor aus Oxford, mit dem Neubau zahlreicher niedergebrannter Gotteshäuser in London beauftragt. Die neue St Paul's Cathedral war der größte Auftrag. Sie sollte sein Meisterwerk werden. Wren reiste dafür unter anderem nach Rom, um den Petersdom genau zu studieren und sich inspirieren zu lassen. Schließlich setzte er sich mit seiner Idee durch, statt eines Kirchturms eine große Kuppel in den Himmel ragen zu lassen und Elemente aus Renaissance und Barock in einer streng geometrischen Form zu kombinieren.

Das große Hauptschiff

Wer die St Paul's Cathedral durch den Haupteingang betreten, den Eintritt bezahlt und die Eingangsschleuse hinter sich gelassen hat, wird unweigerlich von dem gigantischen Raumgefühl in der

Der High Altar (oben) und das Wellington Monument (unten) – zwei der Top-Sehenswürdigkeiten in der Kirche. Die große Kuppel mit der Whispering Gallery – wer keine Höhenangst hat, sollte hinauf steigen (rechts unten). Das Monument schuf Christopher Wren als begehbare Säule in Erinnerung an das große Feuer von 1666 (rechts oben).

Kirche überwältigt. Auch wenn viele Besucher durch die Kirche gehen, verlieren sie sich in der Weite des Raums. Wrens ursprünglicher Entwurf wurde zwar während der Ausführung immer wieder geändert, doch die gewaltigen Ausmaße des Kirchenneubaus blieben erhalten: Die Kathedrale besteht aus einem dreischiffigen Langhaus, einem dreigeteilten kurzen Querhaus und einem ebenfalls dreischiffigen Langchor. Kreuzförmig angelegt überspannt eine 111 Meter hohe Kuppel das geometrische Zentrum. Sie misst gigantische 30 Meter im Durchmesser und wird von acht beeindruckenden Bögen getragen, die viktorianische Mosaikarbeiten zieren.

Wenn man weiter in die anglikanische Kirche hineingeht, reihen sich in den Seitenschiffen die Ehrengräber für verdiente Militärs. So steht im nördlichen Seitenschiff auf der linken Seite das große Wellington's Monument. Großbritanniens großer Staatsmann und Soldat, der Duke of Wellington, sitzt auf dem Rücken seines Pferdes, einen weißen tempelartigen Unterbau unter sich. Wellington starb 1852, sein Denkmal wurde aber erst 60 Jahre später enthüllt. Wer das Langschiff unter der Kuppel hindurch bis nach vorne passiert, erreicht den Hauptaltar. Er stammt aus dem Jahr 1958. Der vorherige, viktorianische Marmoraltar war bei einem Bombenangriff im Zweiten Weltkrieg beschädigt worden. Heute besteht der Altar aus Marmor und geschnitztem und vergoldeten Eichenholz.

Aufstieg auf die Kuppel

Ein Höhepunkt beim Besuch der St Paul's Cathedral ist der Aufstieg in die große Kuppel. Schon von unten ist sie beeindruckend: Die von dem englischen Künstler James Thornhill gefertigten Wandmalereien oben in der Kuppel zeigen Szenen aus dem Leben des heiligen Paulus. Wer hinaufsteigen will, sollte ein wenig Kondition mitbringen und schwindelfrei sein: 257 Stufen führen zur ersten Galerie in der Kuppel, der berühmten Whispering Gallery. Ihren Namen verdankt der Rundgang 30 Meter über dem Kathedralenboden der erstaunlichen Eigenschaft, dass man aufgrund der Krümmung der Wände selbst geflüsterte Worte auf der gegenüberliegenden Seite hört. Nach 376 Stufen und dann bereits 53 Meter über dem Boden ist die Stone Gallery erreicht. Sie verläuft außerhalb der Kuppel und ist die erste der beiden weiteren über der Flüstergalerie liegenden Gänge um das Rund. Von hier geht es hinauf zur Golden Gallery an der Außenkuppel, 528 Stufen hoch in 85 Metern Höhe gelegenmit einem atemberaubenden Rundblick über die City of London. Gleich unterhalb der Kathedrale fließt die Themse, dahinter bilden die Gebäude am gegenüberliegenden Ufer eine markante Silhouette: Hinüber führt die spektakuläre neue Fußgängerbrücke Millenium Bridge direkt zur monumentalen Tate Modern mit ihrem Lichtband auf dem Dach und dem wuchtigen Schornstein. Von der Golden Gallery ebenfalls schön zu sehen ist das links neben der Tate Modern liegende elisabethanische Shakespeare's Globe Theatre mit seiner markanten weißen Fachwerkfassade.

Die erste, große Orgel in der St Paul's Cathedral schuf der Orgelbauer und deutsche Immigrant Bernard Smith im 17. Jahrhundert. Im Laufe der Zeit spielten berühmte Musiker auf den Tasten,

darunter Händel und Mendelssohn. 1872 baute Henry Willis ein neues Instrument, verwendete aber viele der Pfeifen der alten Orgel wieder. Diese Orgel ist bis heute erhalten. Ihre Trakturen waren ursprünglich pneumatisch, wurden dann aber später elektrisch umgerüstet. Ende des 20. Jahrhunderts überarbeitete eine englische Orgelbaufirma das Instrument grundlegend, später kamen unter anderem die bekannten Trompetenklänge hinzu, die heute vor allem zu königlichen Anlässen Einsatz finden.
Zur Krypta führt rechterhand der Kuppel eine Treppe hinab. Hier befinden sich unter anderem die prunkvoll ausgestalteten Ruhestätten von Kirchenerbauer Wren, Nationalheld Wellington und Admiral Nelson, der in der Schlacht von Trafalgar fiel. Wellingtons Grab besteht aus einem schlichten, aber beeindruckenden Sarkophag, während Nelson symbolträchtig in einem Sarg bestattet wurde, der aus dem Holz eines französischen Schiffes gefertigt wurde, das er im Kampf besiegt hatte. In der Nähe von Wrens Ruhestätte ruhen auch die Gebeine einiger berühmter Künstler, Wissenschaftler und Musiker, darunter der Maler Joshua Reynolds, der Wissenschaftler Alexander Fleming, der das Penicillin entdeckte, der Komponist Arthur Sullivan und der Bildhauer Henry Moore. Und passend zum schwarzen Humor der Briten serviert in einem anderen Teil der Krypta ein Restaurant Spezialitäten der Insel.

MONUMENT: ERINNERUNG AN DAS GROSSE FEUER

Ein sehr spezieller Aussichtsturm ist das Monument in der Monument Street, nur 15 Minuten Fußweg von der St Paul's Cathedral entfernt. Der Turm ist eine dorische Säule, mit 62 Metern die höchste freistehende der Welt. Ihre Höhe gibt genau den Abstand zu der früheren Bäckerei in der Pudding Lane an, in der am 2. September 1666 das verheerende Feuer ausbrach, das innerhalb von drei Tagen weite Teile der Londoner Innenstadt in Schutt und Asche legte. Anschließend begann der große Wiederaufbau. Christopher Wren plante zusammen mit Robert Hooke auch das Monument, das 1677 fertig wurde. Zur Aussichtsplattform in 50 Meter Höhe führen in immer enger werdenden Kreisen 311 Stufen im Innern der Säule. Oben belohnt ein herrlicher Blick über London die Mühen, unten erhält jeder ein Zertifikat über den Aufstieg.

WEITERE INFORMATIONEN

St Pauls's Cathedral: St Pauls's Churchyard, Mo–Sa 8.30–16.30 Uhr für Besichtigungen geöffnet. So nur Gottesdienste, Tel. 020-72364128, U-Bahn: St Pauls's, www.stpauls.co.uk; *Monument:* Adresse: Monument, Tägl. 9.30–17.30 Uhr geöffnet, Tel. 020-76262717, U-Bahn: Monument, www.themonument.info

Londons Skyline fasziniert bei Tag und bei Nacht (oben). Man trifft sich auf ein Bier auf dem Leadenhall Market (rechts). Eine Silhouette voller Gegensätze: Blick über die Themse auf den Tower of London und Bürotürme in der City (rechte Seite unten). Londons Marathon gehört zu den größten der Welt (rechts oben).

16 Höhepunkte der Architektur – Zu Fuß durch London

Ein Spaziergang von der Tower Bridge bis zur Tate Modern

London lässt sich ganz bequem aus einem Sightseeingbus ansehen. Viel schöner ist jedoch ein Spaziergang zu den berühmtesten Gebäuden in der City. Auf einer rund sieben Kilometer langen Tour lassen sich die wichtigsten Sehenswürdigkeiten zwischen Tower Bridge und St Paul's Cathedral kennenlernen. Mehr als ein paar gute Schuhe und zwei bis drei Stunden Zeit sind dazu nicht nötig.

Eine schöne Runde durch Londons City startet an der *Tower Bridge*. Von der massigen Festung *Tower of London* am Ufer, Königssitz, Hinrichtungsstätte und Verwahrungsort der Britischen Kronjuwelen, geht es über die Klappbrücke mit ihren beiden markanten Türmen. Ein Fußweg führt um die trutzige Außenmauer des Tower herum.

Tower Bridge bis The Gherkin

Vorbei an alten römischen Stadtmauerresten erreicht man direkt am Flussufer entlang die London Bridge und über die befahrene Lower Thames Street das *Monument*. Die Säule in der Pudding Lane erinnert an die große Feuersbrunst des Jahres 1666. Oben steht eine vergoldete Urne zum Gedenken an die Opfer der Katastrophe. Die Panoramaplattform bietet einen fantastischen Blick über die City. Anschließend geht es weiter nordwärts bis zur Lime Street. Das Gebäude der Versicherungsbörse *Lloyds of London* aus dem Jahr 1986 am Ende der Straße ähnelt mit seinen Liften und Türmen dem Centre Pompidou in Paris. Gleich dahinter ragt *The Gherkin* auf, die 180 Meter hohe gläserne »Essiggurke«. Seit 2004 dominiert das Gebäude von Norman Forster die Londoner Stadtsilhouette.

Leadenhall Market bis St Paul's Cathedral

Zurück über die Leadenhall Street geht es links in die Whittington Avenue zum *Leadenhall Market*, der viktorianischen Markthalle von 1881. Wo früher Geflügel, Molkereiprodukte und Wolle zu kaufen waren, sind hübsche kleine Läden

und Cafés eingezogen. Der Weg führt weiter durch den Ausgang an der Gracechurch Street bis zu ersten großen Kreuzung mit der U-Bahn-Station Bank. In diesem ältesten erhaltenen Teil Londons lohnt rechts und links ein Blick in die kleinen Seitenstraßen. Rechterhand erstreckt sich das ehemalige Bankgebäude der *Royal Exchange* von 1842 mit acht großen Eingangssäulen. Es beherbergt heute luxuriöse Geschäfte. Dahinter liegt die *Bank of England*, in der große Mengen Gold lagern. Ein Museum gibt Einblicke in die Arbeit des Bankwesens. Auf der anderen Seite der großen Kreuzung steht das *Mansion House* mit dem Amtssitz des Oberbürgermeisters. Weiter geht es durch die Gresham Street zu Londons administrativem Zentrum, der *Guildhall*, Teil eines größeren Komplexes. Hier wird unter anderem jedes Jahr der Booker Price verliehen, Großbritanniens wichtigster Buchpreis. Durch die Love Lane, die Wood Street und dann nach links in die große Straße London Wall geht es zum *Museum of London*, einem Gebäude aus den 1970er-Jahren hinter einer runden Backsteinmauer. Draußen sind Fragmente der alten Stadtmauer Londiniums erhalten. Der Straße St Martin's Le Grand nach Süden folgend, ist bald die majestätische *St Paul's Cathedral* erreicht. Die nach dem Großen Brand erbaute Kathedrale mit der markanten Kuppel ist auch Schauplatz der wichtigsten königlichen Zeremonien.

Tate Modern bis Tower Bridge

Über die Fußgängern vorbehaltene *Millenium Bridge* führt der Spaziergang zur *Tate Modern*, die moderne und zeitgenössische Kunst in einem umgebauten Heizkraftwerk ausstellt. Gleich nebenan steht das durch William Shakespeare berühmt gewordene *Globe Theatre*. Er gehörte zu der Truppe, die den Ursprungsbau errichtete. Das heutige Theater ist eine Rekonstruktion von 1997. Der Weg führt nun am Südufer der Themse entlang. Über die kopfsteingepflasterte Clink Street geht es an Francis Drakes Piratenschiff *Golden Hint* und der etwas zurückversetzt liegenden gotischen *Southwark Cathedral* vorbei zur London Bridge mit dem Gruselkabinett *London Dungeon* und zurück zur *Tower Bridge* mit einer sehenswerten Ausstellung.

ENTDECKUNGSTOUREN FÜR SPORTLER

Wem ein Spaziergang zu langsam ist, der kann die Olympia-Stadt auch sportlich entdecken: Sightseeing und Workout in einem bieten geführte Jogging-Touren durch die City. In der Gruppe läuft man durch Londons Parks, an touristischen Highlights und an der Themse entlang. Die Touren sind meist fünf bis acht Kilometer lang und richten sich mit einer Dauer von rund zwei Stunden an geübte Läufer. An den Sehenswürdigkeiten erklärt der Guide in Kürze das Wichtigste – und schon geht es weiter. Laufen gehört übrigens traditionell zu London: Mit rund 30 000 Teilnehmern, viele von ihnen verkleidet, zählt der London Marathon zu den größten und buntesten der Welt. Wer mehr sehen will, steigt am besten aufs Fahrrad, z. B. auf ein schwarzes Barclays-Leihfahrrad an einer »Docking Station«. Sicherer entdecken Fahrradfreunde die Metropole in einer Gruppe mit kundigem Guide.

WEITERE INFORMATIONEN

U-Bahn zu Start und Ziel des Spaziergangs: Tower Hill; *London für Läufer:* www.cityjoggingtours.co.uk; *Radfahren:* Öffentliche Leihfahrräder: www.tfl.gov.uk/roadusers/cycling/14808.aspx; *Sightseeing-Touren:* www.londonbicycle.com; *Reiten im Hyde-Park:* www.hydeparkstables.com

EDFENERGY
London Eye River Cruise

Die blaue Schöne offenbart sich beim Blick über die Themse, hier mit Tower Bridge, Tower of London und Bürotürmen.

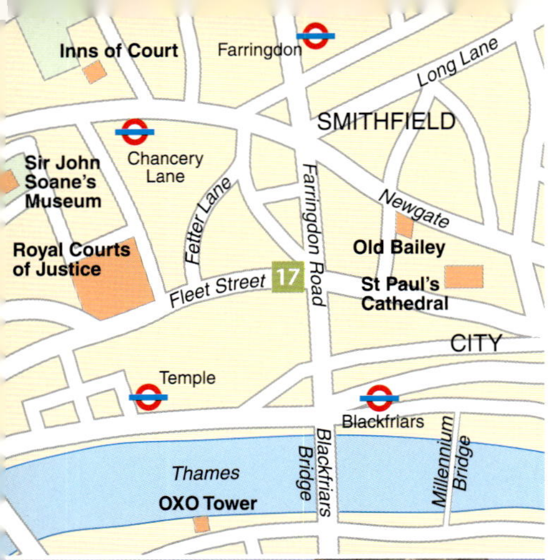

Der Royal Court of Justice in der Fleet Street (oben) bezeugt ebenso Gediegenheit wie der Vorraum von Lloyds Bank mit seinem Brunnen und Geldautomaten (rechts unten). Das Standbild von Queen Elizabeth I. aus dem Jahre 1586 in St Dunstans in the West ist wahrscheinlich die älteste Außenstatue Londons (rechts oben).

17 Fleet Street – Geruch nach Druckerschwärze

Die legendäre Straße der Dichter, Trinker und Journalisten

Bekannt als »Straße der Druckerschwärze«, symbolisiert die Fleet Street bis heute die britische Presse. Auch wenn die meisten Redaktionen und Verlage inzwischen nach Wapping und in die Docklands gezogen sind, stehen einige der alten Zeitungsgebäude noch und erinnern an vergangene Zeiten. Genau wie die berühmten Pubs und Cafés: Hier trank schon Charles Dickens sein Pint.

Die Fleet Street mit ihren großen Steinhäusern und den verwinkelten Nebenstraßen mit ihren kleinen Häuschen ist über die Farringdon Road genau auf die große Kuppel der St Paul's Cathedral ausgerichtet. Der Fluss Fleet gab der Straße seinen Namen. Er fließt auch heute noch, allerdings kanalisiert unter dem Pflaster. Vom 15. Jahrhundert bis in die 1980er-Jahre war in und um diese Straße das Zentrum der Londoner Presse, Zeitungen und Verlage. Schon Ende des 15. Jahrhunderts stand hier die erste Druckerpresse, im Jahr 1702 erschien mit dem Daily Courant die erste Tageszeitung. Inzwischen sind die Redaktionen und Verlage wie auch die großen Agenturen Reuters und Press Association in größere Gebäude außerhalb der City umgezogen.

Die Traditionshäuser der Medien

Der Niedergang der Fleet Street als Straße der Zeitungen begann, als der Medienunternehmer Rupert Murdoch 1986 mit seiner Mediengruppe in den Osten Londons zog. Ihm folgten alle großen Redaktionen und Verlage. Doch einige alte Redaktions- und Verlagsgebäude in der Fleet Street sind original erhalten, zum Beispiel das frühere Daily-Express-Gebäude von 1931 in der Nr. 129. Es hat eine große Glasfassade, Foyer und Treppe prägt der Art-Déco-Stil. Im oberen Teil der Fleet Street befindet sich das alte Daily-Telegraph-Gebäude von 1928. Dort, wo die Fleet Street in die Straße Strand übergeht, gegenüber des gewaltigen Royal Court of Justice, der mit seinen Türmchen und Fenstern fast an eine Kathedrale erinnert, steht ein echt englisches Traditionshaus: Der Teehändler Twinings hat seinen Sitz in der Fleet Street 216. Die älteste Firma Londons verbirgt sich hinter einem kleinen Tor von 1787, über dem die bunten Skulpturen von zwei Chinesen und einem goldenen Löwen sitzen. Gleich nebenan rechts beherbergt ein Fachwerkhaus zwischen großen Steinhäusern die alte Kneipe The George. Sehenswert ist auch die St Bride's Church am anderen Ende der

Fleet Street, »Kathedrale der Fleet Street« genannt. Das von Christopher Wren nach dem großen Brand geplante Gebäude ist bereits das achte Gotteshaus, das innerhalb von 2000 Jahren an dieser Stelle errichtet wurde. Der Turm sieht aus wie ein mehrstöckiger Kuchen, in der Krypta fand man Reste aus römischer Zeit.

Kneipen und ihre Dichter

Fast ebenso legendär wie für ihre Zeitungsvergangenheit ist die Fleet Street für ihre alten Pubs und Coffeehouses. Erhalten sind einige der berühmten *watering places* der Journalisten, die hier regelmäßig ihre durstigen Kehlen befeuchteten. Berühmt ist etwa das El Vino Fleet in der Fleet Street 47, eine Wein-Bar mit einer hervorragenden Auswahl an Weinen. Gegründet wurde sie im Jahr 1879 zur Zeit Königin Viktorias, als noch Pferdegespanne durch die Fleet Street rumpelten.

Seit jeher waren auch Schriftsteller und Dichter regelmäßige Gäste in den Traditionskneipen. Legendär ist der alte Pub Ye Olde Cheshire Cheese in der Fleet Street 145. Er wurde bereits ein Jahr nach dem großen Feuer 1666 wieder aufgebaut und steht dort bis heute. Die von außen klein und unscheinbar wirkende alte Kneipe erstreckt sich über mehrere Etagen, ihre Inneneinrichtung ist teilweise noch original erhalten. Mark Twain, Charles Dickens und viele andere Literaten und Dichter waren hier früher häufige Gäste. In der düster-gemütlichen Atmosphäre fällt es nicht schwer, sich vorzustellen, dass Dickens hier einige seiner finsteren Charaktere ersann.

LONDON FILM FESTIVAL

Unweit der Fleet Street, auf der anderen Seite der Themse, organisiert das Britische Filminstitut jedes Jahr im Oktober das London Film Festival. Die internationalen Filmfestspiele gibt es seit 1956, als Filmkritiker der Sunday Times und weiterer Tageszeitungen das größte Filmfestival im Vereinten Königreich gründeten. Seit damals verwandelt sich die Stadt jedes Jahr für knapp zwei Wochen in eine Cineasten-Metropole. In zahlreichen Traditionskinos in der City, vor allem am und um den Leicester Square, werden nationale und internationale Premieren mit weltbekannten Schauspielern gefeiert. Auf dem Festival werden verschiedene Auszeichnungen für britische und internationale Filme verliehen. Der Hauptpreis der Veranstaltung ist die Sutherland Trophy für den ersten Spielfilm eines Regisseurs. Die britische Tageszeitung The Times ist bis heute Hauptsponsor des Filmfests.

WEITERE INFORMATIONEN

Fleet Street: U-Bahn: Temple oder Blackfriars; *El Vino:* 47 Fleet Street, Mo–Fr 8.30–22 Uhr, Tel. 020-7353 6786, www.elvino.co.uk; *St Bride's Church:* Mo–Fr 8–18 Uhr, So 10–18.30 Uhr für Besucher geöffnet, www.stbrides.com; *Filmfestival:* www.bfi.org.uk/lff

Bemaltes Holzpaneel aus dem frühen 15. Jahrhundert mit König Stephan (oben). Im Museum of London können Kinder und Erwachsene stundenlang in Londons Vergangenheit eintauchen (unten). Beliebte Beton-Architektur der 70er Jahre: Das Barbican Centre (rechts unten) entstand an einem künstlichen Teich mit tiefer gelegten Inseln (rechts oben).

18 Museum of London – Erlebnis Stadtgeschichte

London auf dem Weg von Londinium bis zur Gegenwart

Von der steinzeitlichen Siedlung und dem römischen Londinium über die Tudorzeit und den Großen Brand von 1666 bis heute – das Museum of London dokumentiert die Entwicklung der britischen Hauptstadt seit ihren Anfängen. Mit dem Museum in den Docklands zur Geschichte des einst größten europäischen Hafens hat das Haus eine Außenstelle in einem alten Lagergebäude.

Eine Gruppe Schulkinder steht staunend vor einer großen Schautafel: Fellkleidung, Faustkeile und die ständige Angst vor wilden Tieren – so sah das Leben im Themsetal in der Steinzeit aus. Wo sich heute London ausbreitet, war damals weit und breit nur Wildnis. Wer sich für Stadtgeschichte interessiert, findet mit dem Museum of London in der Nähe des Barbican Centre eine der besten Informationsquellen zu diesem Thema. Mit rund zwei Millionen Ausstellungsstücken wird die Geschichte hier auf Schautafeln und interaktiv lebendig. Wie alle städtischen Museen Londons ist das Museum of London kostenlos. Es zählt rund 400 000 Besucher im Jahr.

Von der Bronzezeit bis zu den Römern

Es widmet sich in chronologischer Reihenfolge der Entwicklungsgeschichte der Region und der Stadt London. Die Abteilung »London before London« etwa zeigt, wie es im Themsetal vor 450 Millionen Jahren aussah. Beinahe unvorstellbar, dass in der weiten Flussaue, durch die wilde Tiere streiften, später Europas größte Stadt entstehen sollte. Originalfunde aus der Bronzezeit weisen darauf hin, wie die Menschen begannen, hier ihre Zivilisation aufzubauen. Eine umfassende Ausstellung ist der römischen Geschichte in England und der Gründung von Londinium vor fast 2000 Jahren gewidmet. Bei Bauarbeiten und Grabungen stieß man auf Fragmente der alten römischen Stadtmauer, die dort verlief, wo heute vor dem Museum die verkehrsreiche Straße London Wall verläuft. Neben Mauerresten sind alte Schalen, Münzen und Glas der Römer zu sehen. Die Rekonstruktion einer Straßenszene zur Zeit des römischen Londiniums versetzt die Besucher in die Zeit vor fast 2000 Jahren zurück.

In einer der thematischen Galerien widmet sich das Museum dem Mittelalter mit der Besiedlung Londons durch die Angelsachsen. Besonders hochwertig und umfangreich ist die Mittelalter-Sammlung mit rund 12 000 Exponaten, darunter mittelalterliche Waffen, einfache Soldatenkleidung und Alltagsgegenstände. Die

Tudor- und die Stuart-Sammlung mit ihren üppigen Roben repräsentiert die Zeit nach dem Mittelalter im 16. und 17. Jahrhundert. Wenn es laut braust, knackt und lodert, fegt das Große Feuer von 1666, das weite Teile der Londoner Innenstadt verwüstete, in einer Ton-Dia-Show über die Räume. Zu den kostbarsten Ausstellungsstücken zählt die vergoldete Staatskutsche des Lord Mayor von 1757. Mit ihr kutschiert der Oberbürgermeister von London bis heute bei der jährlichen Lord Mayor's Show am zweiten Samstag im November in einem Festzug durch die Stadt. Im »Victorian Walk«, der enge Straßen und kleine Läden aus der viktorianischen Zeit ab Mitte des 19. Jahrhunderts nachstellt, ist das Thema Gesellschaftswandel interaktiv aufgearbeitet. Damals lockte die Industrielle Revolution die Landbevölkerung in Scharen in die Städte. Die Menschen lebten im Schmutz unter schlechten hygienischen Bedingungen auf engstem Raum zusammen. Die Säuglingssterblichkeit war hoch und viele arme Kinder mussten in den Fabriken arbeiten statt zur Schule zu gehen. Oftmals fanden sie auch im Hafen Beschäftigung. Über dieses Thema informiert das Museum in seiner Zweigstelle Docklands.

Museum of London Docklands

Das Museum of London Docklands ist Teil des Museum of London. Die Außenstelle in einem alten Lagerhaus für Zucker aus dem frühen 19. Jahrhundert an den West Indian Docks im Osten der Stadt zeigt die Geschichte des einst größten Hafens Europas. Gewürze, Zucker, Holz und Wolle hat man hier in der viktorianischen Zeit im großen Stil verladen und in alle Welt verschifft. Speicher und Piers zeugen bis heute von dem Handel. Inzwischen beeindruckt das Viertel mit exklusiven Wohnungen und Büros mit weitem Blick über Londons Skyline, in denen sich die Finanzbranche niedergelassen hat.

BARBICAN CENTRE

Gleich hinter dem Museum of London erstreckt sich das Barbican Centre, eines der ehrgeizigsten Bauprojekte Londons in den 1970er-Jahren. Nachdem das Quartier Barbican im Osten der Londoner Innenstadt während des Zweiten Weltkriegs größtenteils zerstört worden war, setzte sich in einem Architekturwettbewerb zur Neugestaltung des Gebiets das Büro Chamberlin, Powell and Bon durch. Es realisierte bis 1982 das größte Wohnbauprojekt mit Kulturzentrum in Londons City. Für Kultur und Unterhaltung in diesem Viertel sorgen die Konzerthalle Barbican Hall mit dem London Symphony Orchestra, das große Barbican Theatre mit über 1000 Sitzplätzen und das kleinere Pit Theatre, die Barbican Art Gallery, eine große öffentliche Bibliothek, mehrere Kinos und Konferenzsäle sowie zahlreiche Restaurants. Trotz der typischen sozialen Probleme einer großen Hochhaussiedlung ist das Barbican Centre bis heute ein beliebtes und lebendiges Wohnviertel.

WEITERE INFORMATIONEN

Museum of London: 150 London Wall, U-Bahn: Barbican, St Paul's oder Moorgate, geöffnet täglich 10–18 Uhr, Eintritt frei, Tel. 020-70019844, www.museumoflondon.org.uk

Wenn die Stadt erwacht, ist das meiste Fleisch schon längst verkauft. Wer auf dem Smithfield Market einkaufen will, muss früh aufstehen (oben). Beim Gebäude scheint die Zeit stehen geblieben zu sein, nicht aber bei der Ware (rechts unten): Fleisch ist bis heute das wichtigste Handelsgut auf dem Frischmarkt (rechts oben).

19 Smithfield – Fleisch für London

Frisches Fleisch für Frühaufsteher

Jede Woche werden hier einige Millionen Kilo Fleisch umgeschlagen: Londons traditionsreicher Fleischmarkt ist seit rund 800 Jahren die erste Adresse für Frischfleisch. Zwar sind halbe Schweine und Rinder am Haken nicht unbedingt eine Touristenattraktion, doch die Pubs um den Smithfield Market erfreuen sich großer Beliebtheit. Sie haben nämlich eine Schanklizenz ab frühmorgens.

Vor einigen hundert Jahren muss Smithfield eine Mischung aus dem heutigen Trafalgar Square und dem Wembley Stadium gewesen sein: Verkehrsknotenpunkt, Versammlungsplatz und öffentliche Bühne für jede erdenkliche Darbietung, von sportlichen Wettkämpfen über Jahrmärkte bis hin zu öffentlichen Exekutionen. Und dazwischen das Blöken und Brüllen der aufgeregten Schafe und Rinder, die erschöpft ankamen und ein letztes Mal vor dem Gang ins Schlachthaus rasteten, während ihre Besitzer vielleicht noch bei einer Hinrichtung zuschauten – Smithfield war damals sicher nichts für zartbesaitete Gemüter. So wurde hier etwa der schottische Freiheitskämpfer William Wallace im Jahre 1305 inmitten des rasenden Londoner Volkes gefoltert und gehängt. Eine Gedenktafel am St Bartholomew's Hospital erinnert an seine Exekution.

Das Red House

Im Mittelalter war das heutige Smithfield als »Smooth Field« bekannt. Es lag außerhalb der alten römischen Stadtmauer am Flüsschen Fleet. Auf den flachen grünen Weiden in der nahen Umgebung ließen die Händler ihre Herden noch einmal weiden, bevor es zum Markt ging, der damals noch unter freiem Himmel stattfand. Heute prägt die riesige alte Markthalle im Viktorianischen Stil Smithfield. Sie entstand in der zweiten Hälfte des 19. Jahrhunderts unter der Leitung des Architekten Sir Horace Jones. Das historische Gebäude wurde im Laufe der Jahrhunderte verändert und zeitweilig sogar von Vandalen demoliert, wie der Fish Market und das aus roten Ziegeln erbaute Kühlhaus von 1898, genannt »Red House«. Investoren wollten die alten Häuser abreißen und durch Bürogebäude ersetzen, aber die lokale Bevölkerung setzte sich vehement dafür ein, dass sie erhalten blieben. So ist das Red House seit 2005 denkmalgeschützt. Bis heute dominieren die beiden Türme rechts und links der alten Halle mit ihren grünen Dächern die Silhouette des Stadtteils. Smithfield ist heute – abgesehen von einigen kleinen Märkten wie Spitalfields oder Leadenhall Market – der einzige noch genutzte historische Lebensmittelgroßmarkt Londons, der nicht aus Kostengründen ins Umland ausgewichen ist. Bis heute versorgt er wie in viktorianischen Zeiten Londons Köche mit Frischfleisch für die tägliche Essenszubereitung. Jeden Morgen streifen die Einkäufer und manchmal sogar die Küchenchefs selbst durch die Markthalle, um die zartesten Stücke zu ergattern und die besten Preise auszuhandeln.

Schon am Morgen in die Kneipe

Wenn London noch schläft, ist Smithfield schon auf den Beinen. In den weitläufigen Hallen des Fleischmarkts beginnt der Verkauf schon um 3 Uhr nachts und um 4 Uhr herrscht Hochbetrieb. Auch in den Restaurants, Bars und Läden der Umgebung gehen die Gäste und Kunden früher als anders wo ein und aus, manchmal sogar für ein morgendliches Bier. In der St John Street und in der Charterhouse Street liegen viele beliebte Gaststätten. Früher gingen die Markthändler nach getaner Arbeit – die Markthalle schließt gegen 12 Uhr mittags – ins Fox & Anchor. Heute sitzen dort vor allem Touristen. Moderne Bistros und Restaurants boomen, wie das Smiths, das französisch angehauchte Comptoir Gascon, das Fabric und das alte St John, das in einer früheren Räucherei traditionell englische Kost serviert. Alle bieten Gerichte auf der Basis tagesfrischen Fleischs an, sei es Rind, Schwein, Lamm oder Geflügel. Weil Smithfield so früh auf den Beinen ist, hat es sich außerdem zu einem beliebten Startpunkt für sportliche Wettkämpfe entwickelt, etwa für Autorennen oder das jährliche Radrennen Smithfield Nocturne, an dem Radsportler und auch Stadtteilbewohner mit großer Begeisterung teilnehmen.

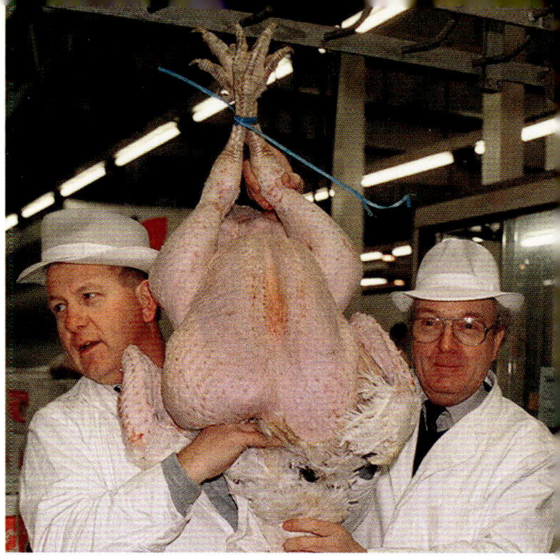

FRISCH VOM BAUERNHOF

Wo in direkter Nachbarschaft jeden Tag Tonnen von Schweine-, Rind- und Geflügelfleisch aus Massentierhaltung über den Tresen gehen, haben Craig Willis und Dominic Kamara ein bemerkenswertes Gegenkonzept entwickelt: In ihrem kleinen Laden Farm Collective in der Cowcross Street verkaufen sie »ehrliches britisches Essen«. Alle Lebensmittel stammen von heimischen Bauernhöfen. Auch Fleisch und Fisch sind im Angebot, aber vor allem die leckeren vegetarischen Sandwiches, die frischen Salate und Obstplatten, das vollwertige Frühstück und die Angebote zum Lunch ziehen immer mehr Kunden in den freundlichen Verkaufsraum. Mit dem eckigen braunen Ladenschild, auf dem in großen grünen Lettern »FARM« steht, zeigt der kleine Laden neben dem Fleischimperium, worauf er setzt: auf gesundes Essen, bei dem man weiß, wo es herkommt.

WEITERE INFORMATIONEN

U-Bahn: Farringdon oder Barbican; *Der Großmarkt* hat Mo–Fr ab 3 Uhr morgens geöffnet. Einmal monatlich Führung, Buchung unter www.cityoflondonguides.com, www.smithfieldmarket.com; *Farm Collective:* 91 Cowcross Street, Mo–Fr 7–15.30 Uhr geöffnet, Tel. 020-72532142, www.farmcollective.com

Die viktorianischen Hausfassaden in der Old Street sind mit viel Liebe zum Detail verziert (oben). Am St John's Square sitzen die jungen Kreativen gern bei einem Getränk im Freien (unten). Die Straßen im alten Arbeiterviertel Clerkenwell sind heute immer belebt – vor allem zur Design Week im Frühling (rechts).

20 Clerkenwell – Galerien und Designerlofts

Vom armen Arbeiterviertel zum Szenepflaster

Londons East End hat sich seit der Jahrtausendwende zum neuen Szene-Pflaster gemausert. Hier, im traditionell ärmeren Osten der Millionenstadt, sind in den Arbeiter- und Einwanderervierteln neue Hot Spots der Kreativität entstanden. Wo sich Künstler und Medienagenturen wegen der günstigen Mieten niederließen, folgten bald coole Clubs, dem Zeitgeist vorauseilende Galerien und extravagante Boutiquen.

In Clerkenwell, nordwestlich der City, lassen sich Geschichte und Gegenwart direkt nebeneinander erleben. Wo heute Kreative schicke Apartments und Lofts bezogen haben, lebten einst bescheidene Mönche, später neben einfachen Arbeitern auch immer mehr arme Radikale, Rebellen und Reformer. Karl Marx war einer der bekanntesten von ihnen, Lenin publizierte hier sein Magazin Iskra. Dickens ließ Oliver Twist in diesen Straßen einiges an Lebenserfahrung gewinnen. In den 1960er-Jahren wurden immer mehr Fabriken stillgelegt, die Industriebrachen im Stadtteil begannen zu verfallen, bis smarte Start-up-Internetfirmen, mutige Künstler und alternative Galerien die heruntergekommenen Fabriken, ehemaligen Brauereien und Druckereien für sich entdeckten. Denn die boten viel Platz bei kleinen Mieten. Das sprach sich herum. Den Trendsettern folgten bald weitere Werber, Galeristen, Architekten, Designer und Musiker – heute ist die Gegend gespickt mit teuren Läden.

Clerkenwell historisch

Das alte Arbeiterviertel Clerkenwell hatte nicht immer zahlreiche Geschäfte, Cafés und Pubs. Ab Mitte des 19. Jahrhunderts ließen sich viele italienische Einwanderer in diesem Stadtteil nieder – er trug deshalb zeitweilig sogar den Spitznamen »Little Italy«, und an mancher Ecke duftete es nach der würzigen italienischen Küche. Wer Clerkenwell heute entdecken will, tut dies am besten zu Fuß. Dann ergeben sich immer wieder schöne und überraschende Perspektiven auf alte Häuser und satte Grünflächen. Wie im kleinen Postman's Park, der eher einem privaten Garten gleicht als einem öffentlichen Park. Ein kleiner Springbrunnen plätschert und an einer Außenseite erinnern alte Gedenktafeln an Menschen, die anderen das Leben retteten. An der Nordseite des Parks führt die Straße Little Britain durch die Anlage des St Bartomomew's Hospital mit Backsteinhäusern, Fachwerk und geschmückten Giebeln zur Kirche St Bartolomew the Great. Früher gehörte die gesamte Anlage zu einem

TELEPHONE
Noodle Express
EPSON
Canon
CLERKENWELL DESIGN WEEK MAY 2012

Blick vom Chorumgang in den Südgang der Priory Church of St Bartholomew-the-Great (oben). Vor der Kirche liegt ein parkähnlicher Garten (unten), Detail an der Fassade (rechts). Die Lobby des Zetter Townhouse am St Johns Square (rechts unten). Designerinnen zeigen ihre Arbeit während der Designerwoche (rechts oben).

Kloster, und hartnäckig halten sich die Gerüchte, das hier im frühen 19. Jahrhundert mit Leichen gehandelt worden sein soll, an denen die Medizinstudenten ihr Handwerk lernten. Gegenüber der Kirche liegt eine kreisrunder Park, Smithfield Green. Die friedliche Grünanlage war früher ein Ort für Exekutionen unter den Blicken der gaffenden Menge. Auf der anderen Parkseite liegt der große Smithfield Market, mit 800jähriger Tradition einer der ältesten Märkte Großbritanniens. Früher wurden hier lebendige Tiere feilgeboten, heute ist er ein Großmarkt für Frischfleisch, Geflügel, Käse und Delikatessen.

Vom Kloster zum Loft

Unweit der großen Markthallen führt die belebte St John Street in Clerkenwells Zentrum gern Norden, etwas östlich davon liegt der Charterhouse Square. Hier stehen die typischen Regency-Wohnhäuser mit farblich abgesetztem Erdgeschoss aus der Zeit zu Beginn des 19. Jahrhunderts. Die Gebäude gruppieren sich um einen gepflegten Park. Wie auch an anderer Stelle mit kleinen Grünflächen im Stadtteil kümmern sich die Anwohner um die Pflege des Gartens: Nur sie haben einen Schlüssel für die abgeschlossenen Pforten. Hier liegen auch zahlreiche Pestopfer begraben. Das frühere Charterhouse beherbergte Kartäuser-Mönche, die für die armen Seelen beteten. In Clerkenwell mischen sich immer wieder alte und neue Architektur-Kleinode. So liegt weiter nordwärts am St John's Square das alte St John's Gate, ein aus großen grauen Steinen bestehendes Stadttor, früher Teil eines Klosters. Noch weiter nördlich steht an der Pine Street ein

Meisterwerk moderner Architektur von 1938, das Finsbury Health Centre, das der russische Exilarchitekt Berthold Lubetkin mit der von ihm gegründeten Architektenvereinigung Tecton entworfen und realisiert hat. Das Sadler's Wells Theatre gleich um die Ecke ist bereits der sechste Theaterbau an dieser Stelle. Es geht auf das Musick House von 1683 zurück und ist auf modernen Tanz und Ballett spezialisiert.

Clerkenwell ist kein typischer Wohnort für junge Familien. Wer Kinder bekommt, zieht normalerweise bald in Gegenden mit mehr Grün, Kindergärten und Schulen. Und vor allem in kindgerechtere Wohnungen. In den schick modernisierten Apartments und den riesigen Lofts der früheren Fabriken wohnen heute vor allem kinderlose Investoren, aufstrebende Berufsanfänger und etablierte Designer. In Clerkenwell kam die US-amerikanische Loft-Idee nach London: 1992 wurde hier das erste frühere Warenhaus in der Summer's Street entkernt und verkauft, die neuen Besitzer wandelten die Lofts in Eigenregie um.

Lenin, Marx und Co.

Noch weiter nordwärts kommen Besucher zu einem zentralen Punkt im Stadtteil, Clerkenwell Green. Hier lernt Oliver Twist in Charles Dickens Roman die Kunst des Taschendiebstahls in der dichten Menschenmenge, die hier früher eifrig Geschäfte tätigte. Noch früher weideten hier die Viehherden auf dem Weg zum Smithfield Market ein letztes Mal – vom Grün ist jetzt allerdings nicht mehr viel zu sehen. Mit Blick auf die Ziegelkirche St James's Church von 1792 ist der Platz heute gepflastert und nur noch von einigen Bäumen bewachsen. Die Marx Memorial Library, ein graues, zweigeschossiges Haus, bewahrt das mehr als 40 000 sozialistische Bücher und Schriftstücke. Clerkenwell ist seit jeher ein Ort der Radikalen, Aufständischen und Revolutionäre: Im 16. Jahrhundert widersetzten sich die Lollarden von hier erst offen, später aus dem Untergrund der katholischen Kirche, Anfang des 19. Jahrhunderts kämpften die Chartisten für bessere Arbeitsbedingungen, und im frühen 20. Jahrhundert schließlich entwickelten die Marxisten hier ihre Ideen weiter. 1902 etwa lebte Lenin im Exil in London und unterhielt in dem Gebäude ein Büro, das erhalten ist. Heute beginnt standesgemäß die Londoner Parade zum Ersten Mai am Clerkenwell Green.

Ganz in der Nähe befindet sich übrigens auch die Quelle, altenglisch *well*, nach der Clerkenwell benannt ist. Die Quelle soll der Company of Parish Clerks im Mittelalter über Jahrhunderte als Treffpunkt und Ort für Mysterienspiele mit biblischen Themen gedient haben. Später geriet sie in Vergessenheit und wurde überbaut. 1924 entdeckte man die ursprüngliche Quelle in einem Gebäude an der Farringdon Road wieder, heute ist sie nach Anmeldung zu besichtigen und durch ein Fenster von außen zu sehen. Sie gleicht jetzt aber eher einem einfachen Loch im Boden als der namengebenden mystischen Quelle, die sie einst war.

CLERKENWELL DESIGN WEEK

Jedes Jahr im Mai feiert Clerkenwell sich und seine Kreativen mit einer Design Week an zahlreichen Orten im selbsternannten Stadtteil des Designs. Drei Tage lang gibt es rund um die St John Street dann Ausstellungen, Shows, Seminare, Workshops, Diskussionen und Performances. Clerkenwell rühmt sich seiner rund 60 Designausstellungen und -verkaufsräume und der Kreativen, Medienschaffenden und Designer, die im Stadtteil wohnen und arbeiten. Während der Design Week tragen viele von ihnen dazu bei, die Rolle des Designs in der heutigen Zeit zu diskutieren und zu festigen. Dies alles eingebettet in klassische Festival-Stimmung – der ganze Stadtteil feiert dann mit Musik, gutem Essen und einem bunten Unterhaltungsprogramm auf der Straße. Wer sich in London vom Zauber schöner Dinge inspirieren lassen will, kommt im Frühling um die Design Week in Clerkenwell nicht herum.

WEITERE INFORMATIONEN

Clerkenwell: U-Bahn: Farringdon oder Barbican; *Marx Memorial Library:* 37a Clerkenwell Green, Mo–Do 13–14 Uhr oder nach Anmeldung für Besucher geöffnet, Tel. 020-72531485, www.marx-memorial-library.org, *Design Week:* www.clerkenwell-designweek.com

Die Türmchen des Tower wirken klein gegen »The Shard« (Splitter); 2012 eingeweiht, ist es das höchste Gebäude Europas (oben). Am anderen Ufer der Themse spitzt hinter den Verstrebungen der Tower Bridge Sir Norman Forsters Hochhaus aus der Silhuette Londons. Seiner Form wegen titulieren die Londoner es »The Gherkin« (Gurke).

21 Tower und Tower Bridge – Londons Wahrzeichen

Palast und Meisterwerk der Ingenieurskunst an der Themse

Sie sind die berühmtesten Wahrzeichen Londons: Tower und Tower Bridge ziehen jedes Jahr Millionen Besucher an. Der Tower diente im Laufe der Jahrhunderte als Palast, Gefängnis und Hinrichtungsstätte, Schatzkammer und lange Zeit sogar als Zoo mit Bären und Raubkatzen. Die Tower Bridge aus dem Jahr 1894 direkt nebenan ist eine Meisterleistung der Ingenieurskunst.

Der Tower steht bei fast allen London-Besuchern ganz oben auf der Liste. Um die Unesco-Weltkulturerbe-Festung mit ihren alten Gemäuern, Folterkammern, Rüstungen und Kronjuwelen zu sehen, nehmen sie auch lange Wartezeiten in Kauf. Die mittelalterliche Trutzburg am Ufer der Themse ließ Wilhelm der Eroberer 1078 zunächst noch sehr einfach aus Holz auf den alten römischen Stadtanlagen von Londinium errichten. Unter Eduard I. Ende des 13. Jahrhunderts zum Schloss umgestaltet bestand der Tower schließlich aus drei Festungsringen auf gut sieben Hektar Fläche. Der älteste innerste Ring beherbergt den White Tower mit seinem weiten Hof. Den mittleren Ring bilden die Waterloo Blocks, die Kapelle St Peter ad Vincula und der Tower Green, auf dem früher das Schafott stand. Mauern mit 13 Türmen schützen diesen Ring, sein Eingang liegt im Bloody Tower auf der Südseite. Der größte äußerste Ring umschließt die gesamte Anlage mit einer dicken, aber nicht sehr hohen Mauer mit sechs Türmen und zwei Bastionen und gibt ihr das markante trutzige Aussehen. Der heute grasbewachsene Graben, der sich außen herum zieht, war früher mit Wasser gefüllt. Heute sieht man hier schon einmal einen Londoner seine Hunde laufen lassen.

Bloody und White Tower

»In den Tower geworfen werden« ist in England bis heute ein geflügeltes Wort und verheißt garantiert nichts Gutes. Blutige Gewalt und Tod sind eng mit dem Bloody Tower verknüpft, zumindest den vielen Legenden nach, die sich um den rechteckigen Turm aus dem 13. Jahrhundert ranken. Die Festung war über die Jahrhunderte Wohnstätte der Könige, aber auch immer wieder Gefängnis, Folterkammer und Hinrichtungsstätte. Im Bloody Tower sollen unter anderem die beiden Söhne von Eduard IV. durch das Urteil ihres Onkels Richard III. gestorben sein. Ob diese Schauergeschichten wahr sind, ist bis heute umstritten. Sicher ist aber, dass der Bloody Tower eine Zeitlang als finsteres Gefängnis genutzt wurde.

Fassadendetail am Middle Tower Gate (oben). Sie gehören zum Tower wie die Kronjuwelen: Die Beefeater in ihren traditionellen Uniformen (unten). Der Tower von der Themse aus gesehen (rechts).

Auch der zentral gelegene White Tower fungierte lange Zeit als Haftanstalt, anfangs aber auch als Wohnort der Könige und ihrer Familien. Der Baubeginn für den größten Turm der Festung, der so markant war, dass fortan die gesamte Wehranlage nur noch Tower genannt wurde, datiert auf das Jahr 1078. Wegen seiner enormen Grundfläche von mehr als dreißig Metern im Quadrat wirkt der Turm auf den ersten Blick eher wie eine eigene quadratische Festung. Tatsächlich gehört er der Gattung der sogenannten *Hallen-Keeps* aus der frühen normannischen Architektur an. Er enthält neben der typischen großen Halle Wohnräume auf mehreren Etagen, eine Kapelle und drei Türmchen an den Ecken. Seine Mauern messen in Bodennähe mehr als vier Meter Dicke. Obwohl der Tower seinerzeit eines der größten Gebäude in Großbritannien war, wurde er der königlichen Familie als Wohnraum bald zu eng. Schon Heinrich II. soll im späten 12. Jahrhundert andere Wohngebäude auf dem Gelände genutzt haben.

Die Kronjuwelen

Die britischen Kronjuwelen gelten als eine der wertvollsten Sammlungen ihrer Art. Getragen werden sie nur noch zu Krönungszeremonien und die Queen trägt die Imperial State Crown zur jährlichen Parlamentseröffnung auf ihrem Haupt. Tower-Besucher haben ganzjährig die Gelegenheit, die Kronjuwelen anzuschauen. Die 2012 generalüberholte Schatzkammer, das Jewel House in den Waterloo Barracks links hinter dem White Tower ist der älteste Teil der normannischen Feste. Und der beliebteste. Mehr als zwei Millionen Besucher schieben sich jährlich durch die funkelnde Pracht – vielmehr werden sie auf Laufbändern an den Kostbarkeiten hinter dickem Glas vorbeigeschoben. Zu Ferienzeiten und an den Wochenenden warten sie Stunden, bis sie hinein dürfen. Mythen und Geschichten ranken sich um den Schatz, zu dem Kronen, Zepter und Ringe, kostbare Gewänder und der größte geschliffene Diamant der Welt zählen. Etwa diese: 1216 gingen die Kronjuwelen verloren, als König Johann Ohneland durch »die Waschküche« fuhr, wie das Mündungsgebiet von vier Flüssen genannt wurde. In dichtem Nebel versanken seine Kutschen im Sand und vermutlich schlummern noch immer Teile des Schatzes im Schlick. Als Konsequenz blieben die restlichen Kronjuwelen in Londons Westminster Abbey. Doch schon bald wurden sie gestohlen. Und wiedergefunden. Seither funkeln sie hightech-gesichert und von Tausenden Besuchern täglich bewundert im Tower.

Die Schlüsselzeremonie

Jeden Abend stehen Touristen mit einem Passierschein vor dem Tower. Nur wer den begehrten Zettel bekommen hat, darf an der Ceremony of Keys, der Schlüsselzeremonie, teilnehmen. Heute wie vor Hunderten von Jahren wird der Tower jeden Abend um Punkt 22 Uhr abgeschlossen. Seit damals bewachen die 35 *Beefeaters*, die Yeomen Warders in ihren traditionellen Tudor-Uniformen, den Tower. Im Jahr 2007 wurde Moira Cameron das erste weibliche Mitglied der Wächter. Zur Schlüsselzeremonie verlässt der Chef der historischen Wachtruppe um sieben Minuten vor 22 Uhr mit Laterne und Tower-Schlüsseln den Byward-Tower an der linken Außenmauer und schreitet zum Traitor's Gate. Hier wartet eine Eskorte Soldaten auf ihn und einer der Soldaten übernimmt die Laterne. Gemeinsam marschieren sie

Die trutzigen Portale der Festung (oben und unten). Der Eingang in das Royal Regimental Museum ist ebenso beeindruckend wie der Engel in einem Bogen der Kirche St Peter ad Vincula im Tower. Bewohner des Tower of London beteten hier. Unter anderem ist hier Anne Boleyn begraben, die zweite Frau Heinrich VIII.

Wappen der City of London (oben). Die beiden Türme der Tower Bridge verbindet ein Fußgängersteg (unten). Die Brücke gilt aus Meisterwerk der Ingenieurskunst ihrer Zeit. Heute wird der Klappmechanismus nur noch selten ausgelöst, weil die großen Frachtschiffe hier nicht mehr entlang kommen (rechts unten). Einer der sechs Raben im Tower (rechts oben).

dann zum äußeren Tor, wobei alle Soldaten, die die Gruppe passiert, das Gewehr hochnehmen. Middle Tower und Byward Tower werden ebenfalls verschlossen, dann geht es zurück zum Traitor's Gate. Hier wartet im Durchgang zum Bloody Tower ein Wachposten und es beginnt ein wörtlich festgelegter Dialog über die Schlüssel. Wenn pünktlich um 22 Uhr Big Ben läutet, geht auch die Schlüsselzeremonie mit einem Trompeten-Zapfenstreich zu Ende. Wer an dieser jahrhundertealten Zeremonie teilhaben möchte, sollte den kostenlosen Passierschein mehrere Wochen vorher beim Tower-Besucherservice beantragen. Doch kein Besuch des Towers ohne die berühmte Bridge.

Londons weltbekannte Brücke

Sie ist die wohl berühmteste Brücke der Welt, ein Meisterwerk viktorianischer Baukunst und das Sinnbild für London: Die Tower Bridge vereint Straßenbrücke und Klappbrücke. Sie verbindet die Stadtteile Southwark am südlichen und Tower Hamlets sowie die City of London am nördlichen Ufer miteinander. Mehr als 40000 Fahrzeuge überqueren die Brücke heute jeden Tag, und die Geschwindigkeitsbegrenzung auf knapp 40 Stundenkilometer wird streng kontrolliert. Hochgeklappt wird die Fahrbahn allerdings nur noch für große Kreuzfahrtschiffe. Die Ausflugsschiffe auf der Themse sind inzwischen so konstruiert, dass sie unter der Brücke hindurchpassen. Wenn die Brücke geöffnet werden muss, lassen sich die beiden Klappteile, die Baskülen, in gut einer Minute bis zu einem Winkel von 83 Grad bewegen. Früher funktionierte dieser Vorgang hydraulisch, heute elektrisch. Und Zeit ist natürlich auch hier Geld: Die Baskülen werden immer nur so weit aufgeklappt, wie es das durchfahrende Schiff erfordert.

Diese Meisterleistung entstand in der zweiten Hälfte des 19. Jahrhunderts. Londons Verkehrsaufkommen vor allem im East End war so massiv gestiegen, dass eine weitere Themse-Querung östlich der London Bridge notwendig war. Wegen der damals stark frequentierten Hafenanlagen zwischen London Bridge und Tower musste die Brücke für Schiffe passierbar sein. Konstrukteur Horace Jones ging nach jahrelangen Diskussionen als Sieger eines Wettbewerbs für den neuen Themse-Übergang hervor. Jones, der Stadtbaumeister von London war, saß damals selbst in der Jury. Sein Vorschlag einer Klappbrücke wurde 1884 genehmigt. Die Grundsteinlegung für die Brücke erfolgte 1886. Zwei Pfeiler mit einem Gewicht von 70000 Tonnen mussten am Grund der Themse befestigt werden. Fertig war das Meisterwerk am 30. Juni 1894.

Es war seinerzeit Londons östlichste Themsebrücke und schon damals eine Sensation. Das markante Bauwerk misst 244 Meter Länge, die beiden Brückentürme ragen 65 Meter in die Höhe. In neun Metern Höhe fahren die Autos über den Fluss, rechts und links bleibt Platz für Fußgänger. Weiter oben zwischen den Türmen befindet sich zusätzlich eine verglaste Fußgängerbrücke mit zwei Stegen. Passanten konnten so die Themse auch bei geöffneter Brücke überqueren. Heute ist der Übergang geschlossen. Dort befindet sich jetzt die sehenswerte Tower Bridge Exhibition.

Tower Bridge Exhibition

Im Nordturm der Tower Bridge ist auf der rechten Seite des Haupteingangs eine Ausstellung über die Brücke zu sehen. Nach einem Sicherheitscheck von Mensch und Rucksack wie am Flughafen geht es per Fahrstuhl hinauf zur Fußgängerbrücke. Ein Film informiert über den Bau der Tower Bridge, dann gleitet der Besucherstrom über zwei getrennte Walkways. Sie sind verglast, aber um bessere Fotos schießen zu können, lassen sich in regelmäßigen Abständen kleine Fensterchen öffnen. Von hier reicht der Blick weit über die Ufer der Themse. Die geschlossenen Walkways präsentieren Informationen zur Entstehung der Brücke sowie eine Fotoausstellung, das Leben der Arbeiter in London und wie die Stadt selbst früher aussah. Im südlichen Turm windet sich eine Treppe mit einem Zwischenstopp hinab bis auf die Höhe der Fahrbahn. Angekommen auf der linken Seite der Fahrbahn geht es zu Fuß über den Rest der Brücke bis zum Ufer, dann linkerhand hinunter in den Maschinenraum mit dem großen Hebemechanismus für die beiden Baskülen. Hier unten riecht es nach Öl und alter Technik und die Maschinen sind beeindruckend groß. Aber sie müssen ja auch ein gewaltiges Gewicht heben. Die Ausstellung endet mit einem Film über den australischen Motocross-Star Robbie Maddison, der im Jahr 2009 mit seinem Motorrad über die geöffnete Tower Bridge sprang. Mit viel Anlauf überwand er den Spalt von 7,60 Meter zwischen den steil in den Nachthimmel ragenden Fahrbahnteilen, nicht ohne gleich noch einen Rückwärtssalto in der Luft zu machen und schließlich sicher auf der anderen Seite zu landen. Für Sensationen war diese Gegend schon immer gut.

DIE SECHS RABEN

Der Legende nach müssen immer mindestens sechs Raben im Tower leben, damit dem Königreich kein Unglück widerfährt. Das habe, so lernt schon jedes englische Schulkind, König Karl II. verfügt. Auch wenn Historiker Zweifel an dieser Version anmelden: Rabenmeister sorgen für das Wohlergehen von Rocky, Portia und Merlin plus ein, zwei Ersatzraben, die – mit vorsorglich gestutzten Flügeln – mit ihrer Anwesenheit sicherstellen, dass die Touristen Unterhaltung haben. Und die Briten die Gewissheit, dass die Krone nicht untergeht. Die Raben im Tower gehören, wie die Schwäne auf der Themse, Ihrer Majestät. So steht auch ihre tägliche Fleischration auf der Ausgabenliste. Einmal allerdings musste ein Rabe unehrenhaft den Tower verlassen, weil er die Besucher mit spitzem Schnabel in die Knöchel hackte. Natürlich wurde er sofort ersetzt. Denn sechs müssen es immer sein.

WEITERE INFORMATIONEN

Tower: Di–Sa 9–17.30 Uhr, So, Mo 10–17.30 Uhr, im Winter bis 16.30 Uhr, Tickets: Tel. 084-44827799, U-Bahn: Tower Hill, www.hrp.org.uk/TowerOfLondon; *Tower Bridge:* Geöffnet Apr.–Sept. täglich 10–18 Uhr, im Winter 9.30–17.30 Uhr; Tel. 020-74 033761, U-Bahn: Tower Hill oder London Bridge, www.towerbridge.org.uk

Das Straßenbild von Londons East End bestimmen Einwanderer aus Pakistan und Bangladesh (oben). Im Old Spitalfields Market sucht man am Wochenende nach Mode, Schmuck und Trödel (unten, rechts unten). Freitags bieten junge Künstler ihre Werke an. Frische Blumen kauft London sonntags auf dem Columbia Flower Market (rechts oben).

22 Spitalfields – Gentrifizierung live

Vom armen Einwandererviertel zum heißen Szenepflaster

Shoreditch, Spitalfields und Whitechapel – die vormals armen Arbeiter- und Einwanderergegenden im Osten Londons haben in den vergangenen Jahren eine erstaunliche Wandlung vollzogen. Es ist hip geworden, hier zu wohnen, und in den multikulturellen Vierteln gibt es heute schicke Kunstgalerien, Nachtclubs und Designershops.

Die junge Frau mit dem wasserstoffblonden Haar lässt ihren Blick über die Brushfield Street schweifen, rückt die Designer-Sonnebrille zurecht und wendet sich wieder ihrer Freundin zu. Im Straßencafé ist jeder Stuhl besetzt, gepflegte Männer mit lässigen teuren Jeans genießen neben Frauen in kurzen Röcken die Londoner Sonnenstrahlen bei einem Espresso. Hier hinter dem Spitalfields Market ist das typische East End mit seiner bengalisch geprägten Parallelkultur meilenweit entfernt. In die dynamischen Markthallen mit Floh- und Kunstmarkt und dem ausgezeichneten Restaurant Giraffe und die kleinen Gässchen Richtung Middlesex Road haben neue teure Geschäfte mit aktueller Mode Einzug gehalten, Tür an Tür mit Galerien, Sushi-Bars, Restaurants und schicken Friseursalons. Der beliebte Old Spitalfields Market lädt jeden Tag in die Viktorianische Markthalle zum Einkaufen ein und ist am Wochenende am größten. Dann wechseln Bilder, Kunstgegenstände und jede Menge Trödel und Krimskrams den Besitzer.

Brick Lane

Hat man den Spitalfields Market hinter sich gelassen und wandert die Brick Lane hinauf, mischen sich die Kulturen. Das Leben in dieser Gegend, die auch »Banglatown« genannt wird, mit ihrem vor allem für Frauen eng gesteckten Radius beschrieb Monica Ali vor knapp zehn Jahren in ihrem gleichnamigen Bestseller. Und auch heute noch eilen Männer mit Turbanen und schwarzhaarige Frauen in bunten Saris zwischen hellhäutigen Briten über die schmalen Fußwege. Müll liegt auf dem Boden. Doch etwas hat sich verändert: Daneben hocken jetzt sorgfältig gestylte Punks bei einem Bier. Zur Straße komplett offene Pubs wie das Brick Lounge, auf dessen Sofas trendbewusste Londoner lümmeln, kleine Second-Hand-Shops, Sonnenbrillenstände und Imbisse, aus denen der würzige Geruch von Curries weht, prägen das Bild. Vor der legendären Beigel Bakery am nördlichen Ende der Brick Lane stehen junge Leute Schlange, um einen der belegten Brötchenkringel zu erstehen. Anschließend

ziehen sie weiter zur Old Trueman Brewery, einem derzeitigen Hot Spot Londons: In dem alten Brauereigebäude aus braunen Ziegeln haben sich Pubs, Sportgeschäfte und Galerien eingemietet; man sitzt im Freien, während aus dem Plattenladen gegenüber Musik wummert und dahinter Jugendliche Schlange stehen, um in kleinen Gruppen durch einen Shop mit angesagten Sweatshirts geschleust zu werden.

Bethnal Green Road

In der eher trostlosen Industrielandschaft der Bethnal Green Road nahe der Brick Lane ist die Gentrifizierung nicht ganz so weit fortgeschritten. Doch auch hier haben sich die ersten Yuppi-Adressen angesiedelt: Gleich um die Ecke liegt Les Trois Garçons, ein extravagant und üppig möbliertes Restaurant mit exzellenter französischer Küche, das sich schon weit über den Stadtteil hinaus einen Namen erkocht hat. Londons East End ist heute zugleich ultra-traditionell und absolut trendy. Und kein Vergleich mehr zu dem Viertel, das Monica Ali als eng und mit strengen kulturellen Regeln beschrieb. Heute leben und arbeiten junge Kreative im dynamischen East End, denn in den ehemaligen Industrievierteln sind die Mieten für die großen alten Lagerhallen und Fabrikgebäude immer noch verhältnismäßig niedrig. Aber alles ist eine Frage der Zeit. Madonna feierte in dem noblen Privatclub Shoreditch House ihren 52. Geburtstag. Sobald größere Galeristen und frühere Notting-Hill-Bewohner nachrücken, werden die Mieten schnell unerschwinglich. Dann ziehen die Pioniere weiter und suchen neue Orte für ihre Kunst und Kultur.

COLUMBIA FLOWER MARKET

Gleich neben Spitalfields liegt der Stadtteil Shoreditch. Legendär ist der Blumenmarkt im Stadtteil: An Sonntagen verwandelt sich die sonst eher unscheinbare Columbia Road in einen farbprächtigen, duftenden Pflanzenmarkt mit Gewächsen aus aller Welt. Neben Rosen, Lilien und anderen Blumen in üppigen Sträußen gibt es Grünpflanzen für Haus und Garten. Wer mag, kann auch eine Bananenpalme erstehen. Die mehr als fünfzig kleinen Shops rechts und links bieten allerlei Dekoratives und Kulinarisches wie frisches Brot und Käse. Trödler und Antiquitätenhändler, kleine Galerien, Cup Cake Shops und Second Hand-Läden ziehen jeden Sonntag eine Menge Besucher an. Sie kommen zum Bummeln, Stöbern und Kaffee trinken und gehen am frühen Nachmittag mit frischen bunten Blumensträußen wieder nach Hause.

WEITERE INFORMATIONEN

Old Spitalfields Market: 16 Horner Square, Mo–Fr 10–17 Uhr, Sa ab 11 Uhr, So ab 9 Uhr, donnerstags Antikmarkt, freitags Kunstmarkt, Tel. 020-72478556, U-Bahn: Liverpool Street, Shoreditch oder Aldgate East, www.oldspitalfieldsmarket.com; *Columbia Flower Market:* Columbia Road, sonntags von 8–14 Uhr, U-Bahn: Old Street oder Bethnal Green, www.columbiaroad.info

SÜDLICH DER THEMSE

»More London Riverside« ist ein neu entwickelter weitläufiger Bürokomplex am südlichen Ufer der Themse. Trotz Gewinndenken bei neuen Projekten hält die Denkmalbehörde ihre schützende Hand über viele alte Gebäude wie Whitehall Court: Mitte der 1880er gebaut, ist es genau so streng geschützt wie der Palace of Westminster oder die Royal Albert Hall. Verkehrsknotenpunkt Waterloo Station (unten).

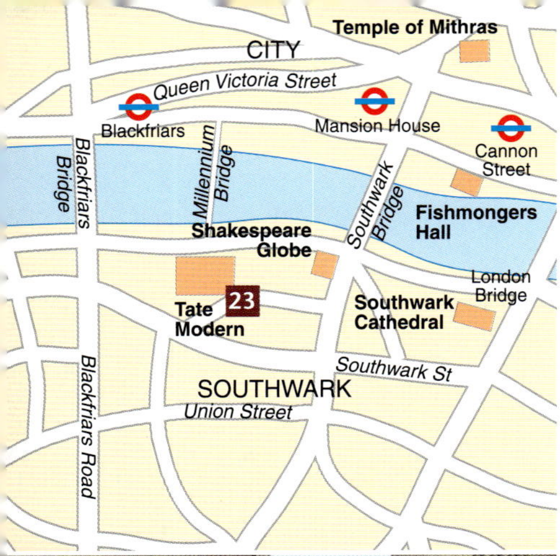

Die Tate Modern versucht nicht zu verbergen, dass das Gebäude ursprünglich als Heizkraftwerk diente – im Gegenteil (oben). Die gigantische Maschinenhalle ist ein Glücksgriff für moderne Kunst-Installationen und bietet Besuchern ein überwältigendes Raumgefühl (rechts unten). Mit dem Tate Boat lässt sich die Tate Britain schnell erreichen (rechts oben).

23 Tate Modern – kontroverse Kunst

Londons neuer Hotspot für moderne Kunst im Kraftwerk

Londons Tate Modern ist die größte Galerie für moderne Kunst der Welt. Sie beherbergt internationale Malerei und Plastik vom ausgehenden 19. Jahrhundert bis zur Gegenwart. Die beeindruckende Kunstsammlung zählt jedes Jahr mehrere Millionen Besucher und gehört zu Großbritanniens Top-Touristenzielen. Absoluter Besuchermagnet sind auch die spektakulären Wechselausstellungen.

Türkise und anthrazitfarbene Wände, viel Licht und vor allem viel Platz: Die riesige frühere Turbinenhalle der Bankside Power Station am Südufer der Themse ist ein Kunstwerk an sich. Mit ihren 160 Metern Länge und einer Höhe von 35 Metern bietet die Tate Modern auch für riesige Installationen Platz. Vom Westeingang führt eine Rampe in eine wuchtige Halle, die zum Staunen bringt.

Ehemaliges Kraftwerk

Als der Platz in der Tate Gallery of British Art, kurz Tate Britain, immer knapper wurde, entschloss man sich, die Sammlung zeitgenössischer Kunst ab dem 20. Jahrhundert auszugliedern. Dazu gestalteten die Schweizer Architekten Jacques Herzog und Pierre de Meuron das fensterlose Backsteingebäude des Heizkraftwerks von Sir Giles Gilbert Scott aus dem Jahr 1964 auf grandiose Weise um. Ein aufgesetztes neues Glasgeschoss bringt viel Licht herein. An der Längsseite zur Themse hin, sind sieben Galeriegeschosse eingebaut. Gläserne Foyers laden zum Schauen ein. Von ganz oben kann der Blick aus dem gläsernen Restaurant weit über die Stadt schweifen. Seit der Erweiterung um zwei ehemalige Öltanks durchzieht leichter Ölgeruch die hohen, dunklen Räume.

Plakative Themen

Die Tate Modern präsentiert die Kunstwerke nicht wie gewohnt chronologisch, sondern plakativ nach Themen. Dabei setzt man auf Kontraste und präsentierte zur Verblüffung der Gäste bei der Eröffnung im Mai 2000 die Leitthemen Landschaft, Stillleben, Historienmalerei und Akt. Nach einer Umgestaltung 2006 lauten die ordnenden Oberbegriffe jetzt abstrakter: States of Flux, Idea and Object, Poetry and Dream und Matter and Gestures. Große Künstler des letzten Jahrhunderts bis heute sind in der Tate Modern vertreten, von Vincent van Gogh und Paul Cézanne über Pablo Picasso, Salvador Dalí und Auguste Rodin bis zu Andy Warhol, Joseph Beuys und Jackson Pollock.

Spektakuläre Inszenierungen

Die riesige Turbinenhalle bietet nahezu unbegrenzte Möglichkeiten für Installationen. Im Jahr 2010 liefen die Besucher hier über hundert Millionen Sonnenblumenkerne, handgefertigt aus Porzellan. Der chinesische Künstler Ai Weiwei hatte sie zehn Zentimeter dick ausgelegt, und das auf tausend Quadratmetern. Das Betreten des Kunstwerks war ausdrücklich erwünscht. Leises Knirschen unter vielen Schuhsohlen füllte die Halle. Ganz anders war die Geräuschkulisse im Jahr 2006: Der Objektkünstler Carsten Höller installierte riesige silberne Röhrenrutschen, in denen die Besucher kreischend hinabsausten. 2012 zog eine Aussstellung des kontrovers diskutierten britischen Gegenwartskünstlers Damien Hirst ein schaulustiges internationales Publikum an, darunter auch Leute, die sich sonst weniger in ein Kunstmuseum bewegen. Sie bestaunten hier einen menschlichen Schädel, den Hirst mit 8601 Diamanten besetzte und »For the love of God« nannte, ebenso wie einen in Formaldehyd eingelegten Tigerhai und frei umherfliegende Schmetterlinge. Hirst und die Tate Modern ließen Kunst und Kommerz ebenso wie Faszination und Ekel enger zusammenrücken, vielleicht um mit Geschäftssinn auszudrücken, dass Geld in der Welt nicht alles bedeutet? Jedenfalls konnten betuchte Besucher Hirst-Souvenirs erstehen wie Skizzen von Haien, Tapeten mit Schmetterlingsmotiven oder lackierte Plastikschädel. Für 480 Pfund bewegte sich ein gepunktetes Skateboard dabei preislich ganz und gar am unteren Rand. Künftig wird die Tate Modern sicherlich weiterhin von sich reden machen.

SHUTTLE PER TATE BOAT

Eine Bootsfahrt auf der Themse sollte auf jedem London-Besucherprogramm stehen. Einfach einmalig sind die stetig wechselnden Perspektiven vom Wasser auf die Gebäude am Ufer. Ein besonderes Vergnügen für Kunstfreunde ist der Shuttle-Service mit dem Tate Boat: Mit ultramodernen Themseschiffen fahren Besucher, die beide Kunstmuseen sehen wollen, von der Tate Modern an der Millbank Pier zur Tate Britain an der Bankside Pier – oder umgekehrt. Moderne Gebäude aus Glas und Stahl wechseln sich ab mit historischen Steingebäuden und grünen Parks am Themseufer, während die High Speed Katamarane den Fluss entlanggleiten. Bei schönem Wetter lässt sich das Panorama sogar vom Freideck aus genießen: Westminster Palace mit Big Ben, das große Riesenrad, Queen Elizabeth Hall und das Nationaltheater ziehen vorüber, bis das Schiff nahe der Millenium Bridge festmacht.

WEITERE INFORMATIONEN

Tate Modern: Bankside, U-Bahn: Southwark, Manison House oder St Paul's, So–Do 10–18 Uhr, Fr, Sa 10–22 Uhr geöffnet, Eintritt frei, Tel. 020-78878888, www.tate.org.uk/visit/tate-modern; *Tate Boat:* Die Boote fahren täglich alle 40 Minuten. Tickets: Tel. 020-78 878888 oder an Bord, www.tate.org.uk/visit/tate-boat

24 Globe Theatre – Shakespeares mittelalterliches Erbe

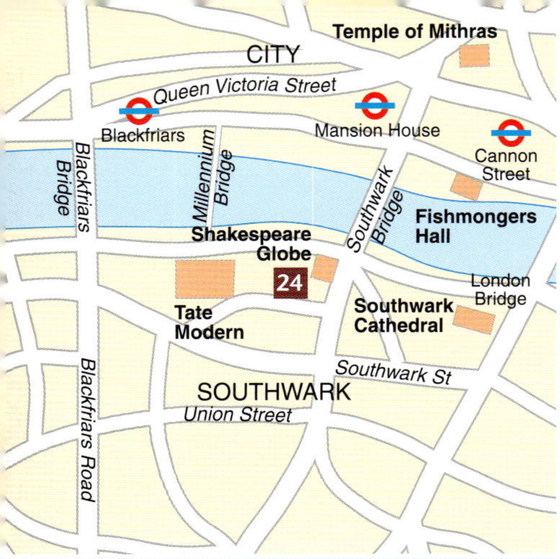

Wie aus einer anderen Welt wirkt Globe-Theatre inmitten des modernen Londons (oben). Vor allem bei einem Spaziergang an einem Sonnentag kommen die Kontraste zwischen alt und modern gut zum Vorschein (unten). Mit Bühnentechnik und Kostümen wie aus dem 17. Jahrhundert bietet das Globe Theatre eine einzigartige Reise in die Theaterhistorie (rechts).

Bühnenkunst wie vor 400 Jahren

Ein Strohdachhaus in Londons City? Nach dem großen Brand der Stadt im Jahr 1666 wäre dies allein baurechtlich unmöglich gewesen. Dass es im 20. Jahrhundert dann doch erlaubt wurde, ist nur einem zu verdanken: William Shakespeare. Der Wiederaufbau seines berühmten Theaters soll sein Erbe lebendig halten.

Mitten in London erhebt sich die weiß-braune Fassade eines Fachwerkhauses. Mit seiner runden Bauweise und dem Strohdach erinnert es eher an das Mittelalter. Wenn im Innenhof die Schauspieler in historischen Kostümen Shakespeare-Stücke unter freiem Himmel aufführen und die Zuschauer bei den ersten Regentropfen Schirme und Plastikponchos hervorkramen, ist es aber unverkennbar das London von heute.

Hölzernes O

Obwohl das Theater erst 1997 eröffnet wurde, gehört es zu den wichtigsten kulturhistorischen Stätten Englands. Es ist ein Nachbau des berühmten Shakespeare-Theaters, das schon zu Tudor-Zeiten Tausende von Theaterfreunden an die Themse lockte. Der Dichter selbst bezeichnete die Arena damals aufgrund ihrer runden Bauform als »wooden O« (hölzernes O). Hier wurden alle Shakespeare-Stücke uraufgeführt, die der Dichter ab dem Jahr 1599 schrieb. Die Originalbühne von 1599 ging während des Stücks »Henry VII« lichterloh in Flammen auf, weil bei der Aufführung mit Kanonen geschossen wurde, deren Funken die Bühne entzündeten. Damals gehörte das Theater zu den innovativsten und verfügte über eine für damalige Verhältnisse moderne und mutige Bühnentechnik. So sorgten etwa Seilzüge und Falltüren für Spezialeffekte. Nach dem Brand bauten die Londoner ihr wichtigstes Theater schnell wieder auf.

Verboten und wiederentdeckt

Erst die puritanische Regierung machte der Bühne den Garaus, als sie 1642 alle Vergnügungsstätten und Theater schließen ließ. Vergessen war das einst so stolze Haus, in dem die Menschen im Innenhof auf Walnussschalen standen, um gute Theaterstücke zu sehen. Auf dem runden Fundament entstanden stattdessen Wohnungen. Erst im 20. Jahrhundert wurde das Theater wieder entdeckt – der Schauspieler Sam Wanamaker hatte es sich zur Lebensaufgabe gemacht, nur wenige Meter vom Originalschauplatz entfernt das alte Haus zu rekonstruieren. Die Geschichte des Wiederaufbaus doku-

mentiert das an das Theater angeschlossene Informationszentrum. Doch nicht nur deswegen lohnt sich ein Besuch. Gäste können auf historischen Instrumenten spielen, elisabethanische Kostüme der alten Vorführungen bestaunen oder Tonaufnahmen machen, während sie selbst Shakespeare-Stücke aufsagen.

Ziegenhaar im Mörtel

Besucher erfahren bei einer Führung durch das Theater, dass beim Wiederaufbau Wert darauf gelegt wurde, so viele originalgetreue Materialien wie möglich zu verwenden. So ist die Bühne aus Eichenholz ohne Nägel und Schrauben mithilfe von Zapfen zusammengefügt und mit vielen Figuren bemalt. Das Stroh für das Dach stammt aus Norfolk und der Kalkmörtel bekommt durch Ziegenhaar eine bessere Haltbarkeit. Die Beleuchtung besteht hauptsächlich aus natürlichem Licht und die Akustik ist so gut durchdacht, dass die Schauspieler ohne Mikrofon sprechen können. Nur die Zahl der Plätze wurde halbiert und trägt modernen Sicherheitsregeln Rechnung. Statt der einstigen 3000 Menschen dürfen nur noch 1500 hinein. Die Stehplätze vor der Bühne sowie die korinthischen Säulen, die mitunter die Sicht behindern, gibt es aber noch immer. Besonders hübsch geworden ist das Groundling Gate. Das schmiedeeiserne Haupttor, verziert mit Sagenfiguren und kleinen Tiermotiven, ist heute ein beliebtes Fotomotiv. Viele der Darstellungen stammen aus den Stücken Shakespeares. Keine Geringere als Queen Elizabeth ging durch dieses Tor, als sie das neue Theater 1997 eröffnete. Die Theatersaison im Globe läuft von April bis Oktober, gespielt werden auch heute noch vornehmlich Shakespeare-Stücke.

HARRY POTTER STUDIOS

Einen Ausflug in die Technik der Neuzeit bieten die Harry-Potter Studios im Norden Londons. Nahe Watford liegen die Warner Brothers Studios und geben Einblick in die Welt der Zauberer. So können Besucher dort in die berühmte Halle von Hogwarts eintauchen, in der der sprechende Hut den Kindern ihre Klassen zugewiesen hat. Auch Dumbledores Büro ist zu sehen, ebenso wie Hagrids Motorrad. Aufgebaute Sets aus dem Film, Spezialeffekte mit fliegenden Besen gehören ebenso zu den Attraktionen wie einzigartige Requisiten. Die Studios liegen eine halbstündige Autofahrt von Londons Innenstadt entfernt. Für einen Rundgang sollten Besucher etwa drei Stunden einplanen. Die Touren sind oftmals ausverkauft, frühes Buchen empfiehlt sich.

WEITERE INFORMATIONEN

Warner Bros Studios, Leavesden, täglich ab 10 Uhr, Erwachsene zahlen 28, Kinder 21 Pfund Eintritt, Tel. 084-50840900. Die Studios sind per Bahn oder eigenem Zubringerbus ab Victoria Station zu erreichen. www.wbstudiotour.co.uk

Die maritime Seite der Stadt zeigt sich am Fluss, vor der International Maritime Organisation beeindruckt eine große Schiffsskulptur (oben), während sich im Strada Restaurant die Tower Bridge in den Fenstern spiegelt (rechts). Nicht nur am London Eye sorgen bunte Illuminationen für romantisches Spiel der Lichter (rechte Seite).

25 Themsepfad – Spaziergang mit Spitzenpanorama

Immer dem blauen Band entlang

Insgesamt misst der Themsepfad von der Quelle bis zum Thames Barrier in Greenwich 294 Kilometer. Die als Fernwanderweg konzipierte Route führt auch mitten durch London. Die knapp 60 Kilometer zwischen Thames Barrier und Hampton Court Palace ist allein den Fußgängern vorbehalten, Radfahren ist auf dem Citystück der Route nicht erlaubt.

Als Startpunkt für eine Wanderung entlang der Themse eignet sich die Tower Bridge. Hier beginnt der Weg direkt am Wasser und führt an vielen Shops und Restaurants vorbei. Die Ladenpassage Hay's Galleria lädt zum Stöbern ein, während in den Fluten der Themse das ausgediente Museumskriegsschiff HMS Belfast an Großbritanniens maritime Vergangenheit erinnert. Im Hintergrund reckt sich mit The Shard Europas größter Wolkenkratzer 310 Meter in die Höhe. Vor allem abends ist dieser Teil der Themsewanderung hübsch, dann wird Hay's Galleria von blauem Licht angestrahlt. Von hier führt der Weg weiter über die London Bridge zur Southwark Cathedral. Kulinarisch Interessierte sollten auf jeden Fall einen Abstecher zum berühmten Borough Market machen, der ganz in der Nähe jeden Samstag stattfindet. Nach Westminster Abbey ist die Southwark Cathedral die größte gotische Kathedrale der Stadt und Mutterhaus der Anglikaner rund um Southwark. Ein Blick ins Innere lohnt: Die Fens-

terrosette und das Hauptschiff mit seinen schlichten Kapitellen und dem gotischen Maßwerk gehören zu den Meisterwerken jener Zeit.

Sightseeing aus der Flussperspektive

Ganz nah in der Nähe der Kathedrale steht das einzige Strohdachhaus in Londons Innenstadt. Das rekonstruierte Shakespeare-Theater The Globe bildet einen krassen Gegensatz mit der futuristisch anmutenden Millennium Bridge, die sich hier über den Fluss zur St Paul's Cathedral spannt. Der Blick von hier auf das Panorama der Stadt gehört zu den schönsten entlang des Themsepfads. Wer

Zeit hat, kann über die Brücke zur Kathedrale flanieren und sie von innen besichtigen. Zurück an der South Bank erleben die Wanderer das kulturelle Leben eines quirligen In-Viertels. Das in einem ehemaligen Kraftwerk untergebrachte Kunstmuseum Tate Modern verbindet hier industrielle Vorgeschichte und moderne Kunst. Rund um das Museum haben sich viele Restaurants und Cafés angesiedelt, eine gute Gelegenheit für eine Pause, bevor es weitergeht. Anschließend flaniert man an dem kleinen Park Bernie Spain Gardens mit seinen duftenden Büschen und blühenden Stauden vorbei.

Jubilee Gardens und County Hall

Hinter dem Royal National Theatre sind die Jubilee Gardens erreicht. Auf den Grünflächen des Parks tummeln sich Studenten und junge Menschen und genießen auf dem weichen Rasen den Londoner Sommer. Im Hintergrund dreht sich das 135 Meter hohe Riesenrad und das Shell Center, ein typisches 1970er-Jahre-Hochhaus mit 27 Stockwerken, erhebt sich gen Himmel. Kurvenreich winden sich die Wege der Jubilee Gardens durch das Grün. Von hier aus geht es weiter Richtung Westminster Bridge. In den Blickpunkt rückt die County Hall mit ihren vielfältigen Attraktionen wie dem neu eröffneten London Dungeon und dem Sea Life. Die County Hall Gallery in dem Neo-Renaissance-Bau zeigt Ausstellungen moderner Kunst. Weil auch viele Touristen zwischen London Eye und County Hall pendeln, ist dieser Teil des Themsepfads am beliebtesten und belebtesten. Ruhiger wird es ab der Westminster Bridge, unter der der Pfad hindurchführt. Als weitere Sehenswürdigkeiten liegen nun Lambeth Bridge und Lambeth Palace sowie die Kirche St Mary auf dem Weg. Zwar verläuft der Themsepfad an dieser Stelle direkt neben den Hauptverkehrsstraßen, doch der Spaziergang lohnt wegen der wunderschönen Ausblicke auf die andere Seite des Flusses. Big Ben, Victoria Tower und Westminster Abbey wirken wie eine Bilderbuchkulisse.

ROYAL NATIONAL THEATRE

An diesem Bau scheiden sich Londons Geister. Die einen schließen sich Prinz Charles an und sagen, er sähe aus wie ein Atomkraftwerk, die anderen betrachten ihn als bedeutendes Architekturdenkmal aus den 1970er-Jahren. Das Royal National Theatre wurde im Architekturstil des Brutalismus erbaut, der auf rohen Beton als Gestaltungselement setzte. Das gigantische geometrisch geformte Gebilde besteht aus vertikalen Quadern und bandförmig verlaufenden Horizontalen, alle aus grauem Beton. Die drei Bühnen des Hauses glänzen mit vielfach wechselnden eigenen Produktionen. Eine ist nach dem früheren Direktor des Hauses benannt, Sir Laurence Olivier. Das Repertoire reicht von Zwei-Personen-Stücken mit modernen Themen bis zu Aufführungen großer Klassiker. Auch Musicals stehen auf dem Programm. Wer es nicht in eine Vorstellung schafft, schaut den Straßenkünstlern auf dem Vorplatz zu.

WEITERE INFORMATIONEN

National Theatre, Upper Ground, South Bank, U-Bahn: Waterloo oder Southwark, Mo–Sa 9.30–23 Uhr, www.nationaltheatre.org.uk; *Southwark Touristeninformation:* Tate Modern, Level 2, U-Bahn: Embankment, Tel. 020-7401 5266, tägl. 10–18 Uhr

Typisch britisch: Mit edlem Holz dominierte Inneneinrichtung der Pubs, die immer voll sind mit Menschen verschiedener Alters- und Stilgruppen, hier in »The Horniman Pub«.

CELEBRATE THE
Jubilee WITH US!
Dry & Fruity
Wine of the Week

26 Southbank Centre – Kunst, Kultur und Events direkt am Fluss

Galerien, Konzerthallen und Filmzentrum

Zwischen Waterloo Station und London Eye erstreckt sich ein ganz eigener Bezirk: Mit dem Southbank Centre entstand hier ab den 1950er-Jahren eine Kulturmeile direkt an der Themse. Veranstaltungsorte wie der Stammsitz des London Philharmonic Orchestra, die Queen Elizabeth Hall, ein Kunsthaus und ein Filminstitut bieten hochkarätige Konzerte und Events.

Nach dem Zweiten Weltkrieg brauchte Großbritannien dringend Impulse für Wissenschaft, Technik und Kunst. Das Festival of Britain, eine messeähnliche Veranstaltung, hatte die Aufgabe, die britischen Fähigkeiten herauszustellen und sollte einen Motivationsschub für die Wirtschaft im Land bringen. Der Krieg hatte zudem die berühmte Konzerthalle Queens Hall zerstört, sodass man sich rasch entschloss, Ersatz zu schaffen. Dass sich mit dem Bau der Royal Festival Hall auch ein ganzes Viertel veränderte, konnte damals noch niemand ahnen. Die 1951 eröffnete neue Konzerthalle war ein derartiger Erfolg, dass sie schon bald zu klein wurde. Umkleidekabinen und neue Foyers wurden angebaut, ebenso wie eine Orgel mit 7710 Pfeifen. Heute ist die Halle der Stammsitz des London Philharmonic Orchestra. Wenn die Musiker nicht proben, nutzen die Londoner die Räume für Lesungen, Chorproben oder Konzerte. Eine Musikhalle war schon bald zu wenig für die Millionenstadt und so entstand in direkter Nachbarschaft Ende der 1960er-Jahre die Queen Elizabeth Hall. Sie ist heute ein bekannter Veranstaltungsort für Jazz-Konzerte und Tanzdarbietungen. Kein Kunstviertel ohne Bildende Kunst – diese Lücke schloss Ende der 1960er-Jahre die Hayward Gallery. Das Kunsthaus hat sich auf avantgardistische Werke spezialisiert. In dem Gebäude im Stil der Betonarchitektur der 1970er-Jahre finden Besucher Zeitgenössisches statt Alter Meister. Die Wechselausstellungen stoßen auch international auf viel Beachtung. Ganz in der Nähe liegt das British Film Institute Southbank, das seinen Schwerpunkt auf britische Produktionen setzt. Abwechslung zu so viel Kultur bietet Gabriel's Wharf am Ende der South Bank. Handfestes gibt es dort in den kleinen Läden, die Kunsthandwerk verkaufen – und wer will, setzt sich in eines der Cafés und genießt den Blick auf die Themse.
Royal Festival Hall, Belvedere Road, täglich 10 bis 23 Uhr, U-Bahn: Embankment, www.southbankcentre.co.uk

INFO: *Southwark Touristeninformation* Tate Modern, Level 2, U-Bahn: Embankment, www.southwark.gov.uk

Auch wenn sie von außen eher schlicht und unspektakulär wirkt – die Royal Festival Hall lohnt auf jeden Fall den Besuch (oben). Der Dachgarten bietet unerwartet ein Fleckchen Grün mit Aussicht auf die Themse und Charing Cross Station (unten).

27 London Eye – ein Riesenrad zum Millenium

Zauber des Lichtermeers

Das größte Riesenrad Europas dreht sich an der Themse. Ob St Paul's Cathedral, Big Ben oder Westminster Palace – das London Eye überragt viele der großen Bauwerke der Stadt. Das Riesenrad fuhr seine erste Runde zum Millenium im Jahr 2000 und ist aus Londons Stadtbild schon nicht mehr wegzudenken.

Zwischen Westminster Bridge und Hungerford Bridge tummeln sich Touristen und Einheimische am Ufer der Themse. Das London Eye, die größte Besucherattraktion der Stadt, hat mit 3,5 Millionen Tickets pro Jahr den Tower und Madame Tussauds längst überholt. In den 32 vollverglasten Kabinen fühlen sich nicht nur Verliebte wie im siebten Himmel. Bei Sonnenuntergangsfahrten, wenn die Stadt langsam ihre bunten Lichter einschaltet, entfaltet das Panorama seinen größten Zauber. Dann kommt es vor, dass plötzlich in der Kabine Männer auf die Knie fallen und ihrer Liebsten einen Heiratsantrag machen. Das Rad ist doppelt so hoch wie das im Wiener Prater. 44 Betonpfähle halten den großen A-förmigen Stützpfeiler. Sie reichen bis 33 Meter weit in den Boden. Jede der 32 Kabinen steht für einen Stadtteil Londons. Das rechtzeitig zum neuen Jahrtausend eröffnete Riesenrad symbolisiert das Rad der Zeit, das sich dreht und dreht und den Übergang in ein neues Zeitalter markiert. Eigentlich sollte die Attraktion nach fünf Jahren wieder stillgelegt werden, doch wegen des großen Erfolgs wurde die Frist auf 20 Jahre verlängert.
Während des halbstündigen »Flugs«, wie die Londoner die Fahrt in ihrem »Eye« getauft haben, reicht die Sicht bei klarem Wetter bis zu 40 Kilometer. Aus der Vogelperspektive schaut man auf Big Ben und Picadilly Circus und erhascht manchmal auch einen Blick auf Schloss Windsor. Wer mitfahren will, sollte sein Ticket allerdings vorher im Internet buchen. Das ist günstiger und spart auch die lästige Wartezeit an den langen Schlangen vor den Ticketkassen.

INFO: *The London Eye,* The EDF Energy London Eye, Riverside Building, County Hall, Westminster Bridge Road, Okt.–März, täglich 10–20.30 Uhr, Apr.–Juni täglich 10–21 Uhr, Juli/August täglich 10–21.30, Sept. 10–21 Uhr, U-Bahn: Waterloo, Tickets ab 17 Pfund, www.londoneye.com/de/; *Southwark Touristeninformation:* Tate Modern, Level 2, U-Bahn: Embankment, www.southwark.gov.uk, täglich 10–18 Uhr

Eher runde Formen charakterisieren das London Eye – das neue Wahrzeichen der Stadt. So mancher Riesenradgast hat sich schon in einer Raumkapsel gewähnt, als er die Reise in den Himmel begonnen hat – immerhin 135 Meter hoch.

Hier trifft man sich in Londons berühmtestem Bahnhof: Unter der großen Uhr (oben) wimmelt es nur so vor Menschen. Auch ein Ausflug auf die Gleise lohnt sich, denn hier machen einige farbenprächtige Züge Station (unten). Besonders die architektonischen Details sind gelungen (rechts oben) und die große Halle wirkt klar (rechts unten).

28 Waterloo Station – ein Bahnhof wie ein Bienenstock

Viel besungen, fehl geplant und heiß geliebt

Die zentral an der Waterloo Brücke gelegene Waterloo Station ist Londons Verkehrsknotenpunkt und der größte Bahnhof Englands. 91 Millionen Menschen steigen hier pro Jahr in Fernzüge und die U-Bahn ein und aus. Touristen passieren sie meist auf dem Weg zum Tower und zum Riesenrad London Eye.

Wer das Londoner Alltagsleben kennenlernen möchte, steigt in die Tube. So nennt die Stadt ihre U-Bahn. Hier sitzen schwarz gekleidete Gothic-Anhänger mit großen Sicherheitsnadeln in den Strümpfen neben Senioren, dort wackelt der Kopf zu den neuen Klängen aus dem iPod, während gegenüber Studenten Wichtiges in ihren Skripten markieren. In der Londoner U-Bahn ist es immer eng. Nicht umsonst wird sie Tube (Röhre) genannt. Im Zug sind die Decken niedrig und an den Seiten schräg. Aber nur wer in London U-Bahn gefahren ist und sich hier morgens zwischen Anzugträger, Schüler und Punks gequetscht hat, kann sagen, er kenne die Stadt. Nirgendwo anders als hier berührt das Londoner Leben hautnah die touristischen Pfade.
Atmosphäre wie in einem Ameisenhaufen kommt auf, wenn Passanten durch die riesige Waterloo Station hasten, einen der berühmtesten Bahnhöfe Londons. Englische Geschäftsleute eilen auf edlen Ledersohlen in ihre Büros, während Schüler eher schleppend aus der Bahn schlurfen. Schon 1967 besang die Popgruppe Kinks in ihrer Rockballade »Waterloo Sunset« die berühmte U-Bahnstation: »Millions of people swarming like flies 'round Waterloo Underground«.

Fehlplanung und Chaos

Schon kurz nach der Einweihung 1848 wimmelte es am Waterloo Station derart vor Menschen, dass immer wieder Bahnsteige hinzugefügt werden mussten. Das machte den Bahnhof schnell unübersichtlich. Das Chaos war komplett, nachdem Beschilderungen doppelt vergeben oder einfach vergessen wurden. Schließlich fanden sich nur noch wenige Menschen hier gut zurecht. Zudem war ganz in der Nähe mit dem Bahnhof Nekropolis ein Bestattungsbahnhof entstanden. Dort startete ein Express, der Särge und Trauergesellschaften ins 60 Kilometer entfernte Brookwood zum damals größten Friedhof der Welt brachte, um Londons Friedhöfe zu entlasten – und die Züge fuhren auch durch Waterloo Station. Schon bald tauften die Briten ihren Bahnhof Waterloo Bridge in Waterloo

um. Eine bewusste Abkürzung, die nicht zuletzt auch auf das Chaos und das Versagen der Planer anspielen sollte.
Anfang des 20. Jahrhunderts waren die Zustände unhaltbar und Waterloo Station wurde neu gebaut. Knapp 20 Jahre dauerten die Bauarbeiten für die 21 Gleise und die 244 Meter lange Halle. Die große Bahnhofshalle aus Glas und Stahl galt damals eine technische Meisterleistung und erstrahlte schließlich in neuem Glanz. Bomben des Zweiten Weltkriegs richteten erhebliche Schäden an und zerstörten unter anderem den Sargbahnhof Nekropolis, der nicht wieder aufgebaut wurde.

Glanz vergangener Tage

In den 1990er-Jahren erlebte Waterloo eine zweite Glanzzeit: Der Bahnhof wurde Knotenpunkt für die Eurostars. Die Züge, die durch den Tunnel unter dem Ärmelkanal nach Frankreich und Belgien fuhren, brachten internationalen Glanz nach Waterloo Station. Sogar ein komplett neues Gebäude mit gläsernen Hallen wurde errichtet. Doch seit dem Jahr 2007 fährt der Eurostar zum Bahnhof St Pankreas. Seither liegen Waterloos einst so stolze Glasgebäude, die sogar Architekturpreise bekamen, brach.
An den Glanz viktorianischer Zeit erinnert die alte Uhr in der Mitte der riesigen Halle. Das schmiedeeiserne Modell mit den goldenen Verzierungen ist unübersehbar über dem Gewusel und genau deshalb zum beliebten Treffpunkt der Londoner avanciert. Der große Bogen am Haupteingang von Waterloo Station wiederum erinnert mit bronzene Gedenktafeln an die Opfer des Ersten Weltkriegs, die Menschen, die am Bahnhof ihr Leben ließen.

OYSTER CARD

Wer in London viel mit öffentlichen Verkehrsmitteln unterwegs ist, sollte über eine Oyster Card nachdenken. Sie bietet Ermäßigungen von bis zu 50 Prozent für U-Bahnfahrten. Die Karten werden mit einem Guthaben von 15, 20, 30 oder 40 Pfund aufgeladen. Die Oyster Card gilt für alle drei Zonen und ist personengebunden. Die Guthaben aber verfallen nicht und gelten auch bei kommenden London-Besuchen. Ist das Guthaben aufgebraucht, können die Karten an mehr als 1000 Stellen, in der Regel in den U-Bahn-Stationen, neu geladen werden. Die Karte benötigt drei Pfund Aktivierungspauschale. Wer mit der Oyster Card unterwegs ist, muss sich an den U-Bahn-Stationen ein- und auch wieder auschecken, sonst kann die Karte nicht korrekt abrechnen. Günstiger als Einzelfahrscheine sind auch Tages- oder Wochenkarten. Die London Visitor Travel Card ist von einem bis zu sieben Tagen gültig.

WEITERE INFORMATIONEN

Zu kaufen ist die *Oyster Card* an den U-Bahn-Stationen, in den Tourismusinformationsstellen oder online: www.visitbritainshop.com

London wäre ohne seine Parks undenkbar. Hier vergnügen sich Einheimische wie Touristen nicht nur beim Tretbootfahren (rechts), sondern können neben Graffitis (oben) auch seltene Vögel sehen. Die Gabelracke (Mitte) allerdings lebt nur im Zoo. Ganz exotisch geht es dann beim Notting Hill Carneval zu (unten).

WEST LONDON

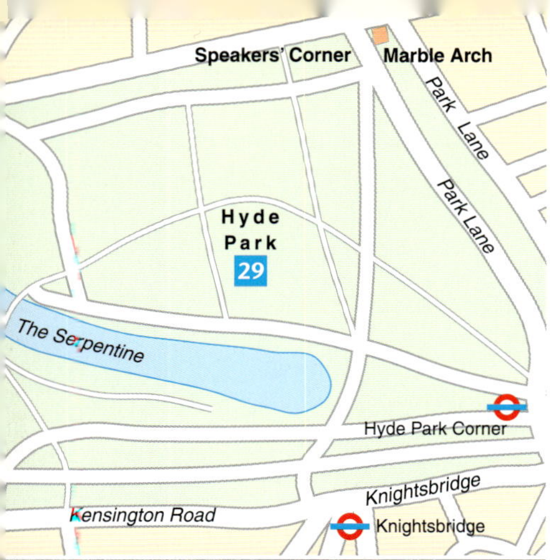

29 Hyde Park – Londons grüne Lunge

Zwischen Schwimmklub und Speaker's Corner

Er ist größer als das Fürstentum Monaco: Londons Hyde Park ist nicht nur Londons grüne Lunge, sondern kann auch auf eine bewegte Geschichte zurückblicken. Früher ein beliebter Duellierplatz, ist er heute Naherholungsziel. In seinem großen See trainieren die Mitglieder des ältesten Schwimmklubs des Landes, und Speaker's Corner ist eines der berühmtesten Überbleibsel alter Zeiten.

Eisbegonien erfreuen mit ihrer Blüte die Blumenfreunde (oben), während sich der Serpentine Lake gut für eine Rudertour eignet (unten). Freche Eichhörnchen sind fast handzahm (rechts) und huschen manchmal sogar durch die Masse der Sonnenanbeter (rechte Seite unten). In Speaker's Corner (rechte Seite oben) hat irgendwie immer jemand etwas Wichtiges zu sagen.

Vom Flugzeug aus ergibt sich ein erstaunliches Bild auf London. Mitten in der Stadt liegt ein grüner Teppich mit einem See, der so groß ist, dass sogar Boote darauf fahren. Die Hyde Park bildet mit den angrenzenden Kensington Gardens die größte zusammenhängende Grünfläche der britischen Hauptstadt. Hier genießen die Briten die kostbaren Sonnentage in vollen Zügen – sie legen sich in den Liegestuhl oder lassen sich von der Gischt einer der Fontänen erfrischen. Manche sitzen altmodisch mit der Tageszeitung unter einer der blühenden japanischen Kirschen, während andere auf ihrem iPad herumtippen. Hier wechselt sich englischer Rasen mit wilden Blumenwiesen ab. Nur wenig scheu huschen Eichhörnchen an den Bänken vorbei und suchen nach Brotkrumen. Jeden Morgen traben berittene Soldaten durch das Grün, wenn sie zur Horse Guards Parade in Whitehall reiten. An den verkehrsreichen Straßen, die an den Park angrenzen, blinken sogar Fußgängerknöpfe eigens für Reiter.

Vom Jagdrevier zur Weltausstellung

Bis 1536 hatte der Hyde Park zur Westminster Abbey gehört. Die Säkularisation war König Heinrich VIII. ein willkommenes Mittel, um das Jagdrevier in den Besitz der Krone zu bringen. Einhundert Jahre jagten im Hyde Park nur Könige die Hirsche, doch in den 30er-Jahren des 17. Jahrhunderts öffnete Karl I. den Jagdgrund für sein Volk. Das blieb nicht ohne Folgen: Schnell avancierte das Grün mit seinen alten Bäumen und Freiflächen zu einem der beliebtesten Duellplätze Londons und nicht selten zerrissen Pistolenschüsse den morgendlichen Frieden des Parks. Im 18. Jahrhundert lag zudem im Nordosten eine der beliebtesten Hinrichtungsstätten des Landes. Betrunkene taumelten im Morgengrauen durch das Grün nach Hause. Als sich trotz eines strikten Schnapsverbots im Park das Image nicht verbessern ließ, kam Prinz Albert im 19. Jahrhundert auf eine Idee: Eine große Industriemesse sollte im Hyde Park stattfinden. Länder aus aller Welt wurden eingeladen, in Pavillons neue technische Errungenschaften zu präsentieren und es entstand der große Glasbau des Crystal Palace. Mit seiner avantgardistischen Mischung aus Gewächshaus und Eisengerüst sorgte das neue Gebäude mit dem gebogenen Tonnendach schnell für inernationale Aufmerksamkeit. Zudem war ein neuer Veranstaltungstyp geboren: die Weltausstellung. Der Palast wurde später nach Sydenham versetzt, wo er im Zweiten Weltkrieg abbrannte.

Solarboote und Silvesterschwimmer

Das Herz des Parks ist heute der sichelförmige Serpentine Lake, der den Hyde Park von den Kensington Gardens trennt. An sonnigen Tagen gleicht das Ostufer London dem Lido – hier schwimmen die Briten eine Runde, fahren Ruderboot oder reisen im Solardampfer von Ufer zu Ufer. Der Ursprung des Sees wird deutlich, wenn man auf der Brücke am östlichen Ufer steht. Königin Caroline ließ 1730 den Fluss Westbourne zu einem See stauen. Nur einige Jahrzehnte später bald taten sich hier auch die ersten Schwimmer zusammen und gründeten nicht nur den ältesten Schwimmklub der Stadt, sondern initiierten auch das Christmas Race – ein Schwimmwettkampf im weihnachtskalten Wasser. Von hier aus sind es nur wenige Minuten zu Fuß bis zu der Fußballfeld großen Gedächtnisstätte für Prinzessin Diana in Form eines riesigen ovalen Brunnens.

SPEAKER'S CORNER

Dieser Platz gilt als Inbegriff der Redefreiheit: Speaker's Corner gehört zum Hydepark wie der Tower zu London. Ins Leben gerufen wurde dieser Platz, an dem jeder Reden halten kann, aufgrund eines Beschlusses von 1872. Einst stand in der Nähe ein Galgen und bis 1783 durften die Verurteilten hier noch letzte Worte an das gaffende Publikum richten. Der Inhalt der Vorträge durfte nur nicht den Landesfrieden gefährden, die Queen verunglimpfen oder blasphemisch sein. Nach dem Abbau der Hinrichtungsstätte stellten die Redner auf mitgebrachte Kisten und referieren über Themen, die ihnen gerade am Herzen lagen. Schon Karl Marx und George Orwell zogen hier das Publikum in ihren Bann. Auch große Protestkundgebungen dürfen hier ohne Anmeldung stattfinden. Am meisten los ist sonntags und deshalb müssen die Redner an diesem Tag mit den meisten Zwischenbemerkungen und Unterbrechungen rechnen.

WEITERE INFORMATIONEN

Hyde Park Office, Rangers Lodge, Hyde Park, Tel. 0300-0612000, täglich 5–24 Uhr, U-Bahn: Hydeparkcorner, www.royalparks.org.uk; *City of London Information Centre*, St Paul's Churchyard, Tel. 020-76063030, Mo–Sa 9.30–17.30 Uhr

Nicht nur Skulpturen wie in den Dorothy and Michael Hintze Galleries (oben) dominieren das Victoria & Albert Museum, auch Fliesenkunst ist dort zu sehen, hier eine Arbeit aus dem Iran (unten).

30 Victoria and Albert Museum – ein Imperium des Kunstgewerbes

Zwischen Porzellan, Schmuck und dem größten Bett der Welt

Das größte Museum für Kunstgewerbe der Welt liegt in London. Das Victoria and Albert Museum, meist V&A abgekürzt, ist ein Gigant. Mehr als 145 Räume zeigen 4,5 Millionen Exponate. Die öffentliche Sammlung geht auf Königin Victoria zurück.

Das 1852 gegründete erste Kunstgewerbemuseum der Welt ist noch heute riesig. In den Anfängen firmierte es als South Kensington Museum und ließ mit seinen Exponaten der Gebrauchskunst den Geist der Weltausstellung 1851 noch viele Jahre in London weiterleben. Heute ist das Museum ein Konglomerat aus ineinander verschachtelten Bauten.

Die Highlights

Wo anfangen? In der Textilienabteilung von Gewändern aus vorchristlicher Zeit über königliche Hochzeitsanzüge bis zu zeitgenössischer Mode, zum Beispiel von Vivienne Westwood und Doc Martens? Oder lieber in der Schmuckabteilung, in der sich sogar Stücke aus dem alten Ägypten und ein goldener irischer Halsreif aus dem 7. Jahrhundert zu sehen sind? Es ist auf jeden Fall ratsam, sich einen Plan geben zu lassen und sich dann von den eigenen Interessen leiten zu lassen. Zu den Höhepunkten der Sammlung gehören Skizzen des Malers Raffael auf Karton. Der italienische Altmeister fertigte sie als Vorlage für die Wandteppiche in der Sixtinischen Kapelle.

Berühmt ist das Museum auch für die Gipshöfe in Ebene B. Hier kommt es seinem Kernthema am nächsten, dem Kunstgewerbe, das heißt, der Kunst trotz industrieller Massenfertigung Waren mit gutem Design herzustellen. Ursprünglich sollte das Museum Handwerkern die Möglichkeit bieten, edle Haushaltsgegenstände zu sehen, um sie dann nachzubauen und zu verfeinern. Aus diesem Grund sind in der Gipsabdrucksammlung Abgüsse vorbildlicher Kunstwerke von der Antike bis zum Barockzeitalter zu bewundern. Sehenswert ist auch die Keramikabteilung. Sie allein zählt mehr als 75 000 Objekte – darunter Delfter Porzellan. Auch Ausflüge in die anderen Etagen lohnen, dort finden sich das Schreibkästchen von Heinrich VII. mit seinen Geheimfächern und goldenen Verzierungen ebenso wie das größte Bett der Welt.

INFO: *Victoria and Albert Museum,* Cromwell Road, Tel. 020-79 42 20 00, täglich 10–17.45 Uhr, Fr: bis 22 Uhr, U-Bahn: South Kensington, Eintritt in die Dauerausstellung ist frei, www.vam.ac.uk

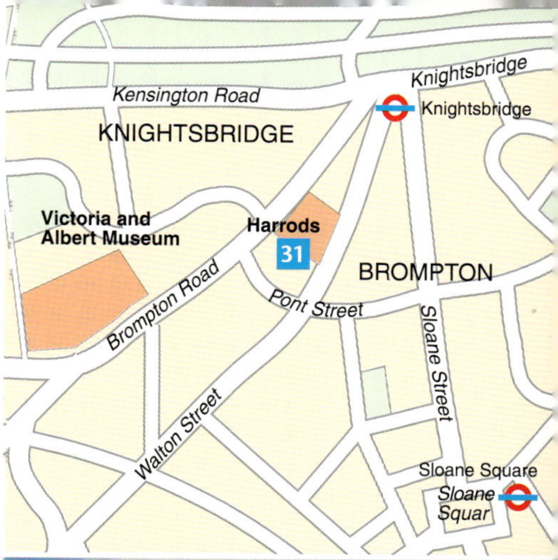

31 Harrods – Klassiker eines Kaufhauses

Vornehmes Shoppen im großen Stil

Wer hier stöbern will, unterliegt einem Dresscode. Punks oder Rocker werden an den Türen von Harrods abgewiesen ebenso wie Menschen in kurzen Hosen. In diesem englischen Kaufhaus geht es eben stilvoll zu und dafür ist Harrods weit über die Landesgrenzen hinaus berühmt.

Weiße Blumen aus Gips ranken an den stuckverzierten Kassettendecken. Mit künstlichen Trauben behangene Kronleuchter werfen elegantes Licht auf pyramidenförmig gestapelte Äpfel und Tomaten, deren Haut makellos in strahlendem Rot leuchtet. Die Foodhall von Harrods gleicht in ihrer viktorianischen Pracht eher einem Tempel als einem Lebensmittelgeschäft. Tatsächlich gehört sie zu den edelsten Delikatessenabteilungen der Welt. Auf kleinen Wagen oder goldverzierten Tresen türmen sich französische Edelkäse, englischer Christmaspudding oder handgemachte Pralinen und lassen Besuchern das Wasser im Munde zusammenlaufen.

Vom Teehaus zum Konsumtempel

Die Foodhall ist das Herzstück des berühmten englischen Kaufhauses, doch sehenswert sind auch die anderen Abteilungen, etwa die schillernde ägyptische Halle mit ihren Parfümständen, die englischen Schuluniformen im 4. Stock oder das Cricketzubehör im 5. Angefangen hat alles Mitte des 19. Jahrhunderts mit einem kleinen Laden, zwei Angestellten und einem Laufjungen. Der Kaufmann Henry Edward Harrod hatte sich erfolgreich auf Tee spezialisiert. Doch den Durchbruch schaffte sein Sohn Charles. Er erweiterte das Sortiment um Medizin, Parfum und Bürobedarf und setzte insbesondere auf guten Service: Was nicht vorhanden war, wurde besorgt. Solche Zuvorkommenheit schätzten Kunden wie Charlie Chaplin, Oscar Wilde, Sigmund Freud und auch das britische Königshaus. Durch die Schlagzeilen ging das berühmte englische Kaufhaus, als Mohamed Al-Fayed, der Vater des letzten Lebensgefährten von Prinzessin Diana, es 1985 übernahm. Heute gehört es der arabischen Qatar Holding.
Der Einkaufstempel mit seinen 4000 Angestellten und mehr als 20 Restaurants verströmt aber noch immer englischen Lebensstil pur, wenn Angestellte mit weißen Handschuhen die Käufe sorgsam einpacken.

INFO: *Harrodds,* 87–135 Brompton Road, Tel. 020-77301234, Mo–Sa 10–20 Uhr, So 11.30–18 Uhr, U-Bahn: Knightsbridge, www.harrods.com

Mit seiner langen Fassade präsentiert sich Harrods schon von außen ganz klassisch (oben). Innen gibt es Mode für jede Sportart (unten).

Vornehme Reihenhäuser mit gepflegten Vorgärten sind aus der Stadt nicht wegzudenken.

Mit seinen offenen Etagen präsentiert sich das Science Museum wie ein riesiger Setzkasten (oben). Besucherliebling des Hauses ist vor allem die rote Dampfmaschine (unten).

32 Science Museum – zwischen Dampfmaschinen und Raumkapseln

Entdeckertouren über fünf Etagen

2,5 Millionen Besucher pro Jahr kommen in das Wissenschaftsmuseum. Neben Klassikern wie dem ersten Telefon und Teleskopen von Galileo Galilei zeigt es neue Exponate aus Industrie und Forschung. Das Museum wurde 1857 als South Kensington Museum und Zweigstelle des Victoria & Albert-Museums gegründet und 1909 selbstständig. 1919 zog es in das Blythe House, neben das Naturhistorische Museum.

Eine Rakete aus dem Jahr 1829? Die gibt es tatsächlich. Allerdings startete sie nicht mit rasanter Geschwindigkeit in den Weltraum, sondern legte ihre Strecken auf Schienen zurück: Stephenson's Rocket, die erste moderne Dampflokomotive, ist eine Legende. Bei einer Geschwindigkeit von mindestens 16 Stundenkilometern konnte die Lokomotive Steigungen überwinden und das Dreifache ihres Eigengewichts ziehen. Ihren Beinamen Rakete bekam sie, weil ihr Erfinder meinte, die Menschen ließen sich eher mit einer Rakete zum Mond schießen als sich als Passagiere dieser Erfindung anzuvertrauen. Doch die Lok wurde ein Erfolg. Die Adler, eine Weiterentwickelung, weihte später die erste deutsche Eisenbahnstrecke zwischen Nürnberg und Fürth ein. Die Lokomotive zählt zu den Stars des Museums.

Allein die große Halle ist beeindruckend. Dampfmaschinen empfangen den Besucher, der von der unteren Etage zu den Galerien an den Seiten der fünf Stockwerke hinaufblicken kann. Von den Dampfmaschinen führt der Rundgang weiter zu medizinischen Themen. Hier lässt sich entdecken, was ein Arztkoffer vor hundert Jahren beinhaltete und wie sich die Behandlungsmethoden bis heute weiterentwickelt haben. Das Museum versteht sich nicht als reine Technikshow, sondern möchte die Weiterentwicklung von Forschung und Wissenschaft dokumentieren. So erleben die Besucher Wissenschaft und Technik als einen Prozess der Forschung. Dabei lernen sie, wie die DNA entdeckt wurde und wofür sie im Körper verantwortlich ist, betrachten Porzellanschalen nach der Atombombenexplosion in Hiroshima und und können sich die Kommandozentrale der Apollo-10-Raumkapsel ansehen. Damit das Wissen nicht nur theoretisch bleibt, können die Museumsgäste im 4-D-Kino eine Apollo-Mission miterleben und spüren, wie dabei die Sitze wackeln.

INFO: *Science Museum,* Exhibition Road, täglich 10–18 Uhr, U-Bahn: South Kensington, www.sciencemuseum.org.uk

33 Natural History Museum – Wunder der Erde

Giganten der Urzeit und faszinierende Erdgeschichte

Allein wegen seines neogotischen Gebäudes mit Reliefs in stimmigen blauen und sandfarbenen Ziegeln lohnt ein Besuch im Naturhistorischen Museum. Lebensgroße Dinosaurierskelette, Nachbildungen von Walen und uralten Mammutbäumen bringen hier Große und Kleine gleichermaßen zum Staunen. Wie alle staatlichen Museen in London kostet es keinen Eintritt, was nicht nur Familien freut.

Wer die Ausstellungen des Naturhistorischen Museums über den Eingang an der Cromwell Road betritt, steht direkt einem Giganten der Urzeit gegenüber: dem 26 Meter langen Skelett des Dilpodocus-Dinosauriers in der Central Hall. In der kirchenartigen Halle des 1873 bis 1880 von Alfred Waterhouse erbauten Hauptgebäudes beginnen die Life Galleries. Hier sind unter anderem die berühmten uralten Sequoia-Bäume aus den USA zu bewundern, deren Jahresringe weltgeschichtliche Ereignisse erzählen, denn die Baumriesen waren unvorstellbare 1300 Jahre alt, als sie gefällt wurden. Um sie zu sehen, muss man die Treppe an der Stirnseite der Halle hinaufgehen. Saurier-Fans können die verschiedene ausgestorbene Großechsen in einer eigenen Abteilung gleich nebenan erleben: Viele der geheimnisvoll beleuchteten Hightech-Modelle bewegen sich, während sich vor allem an den Wochenenden die Besucherschlange durch die Präsentation schiebt.

Earth Galleries und Darwin Centre

Wer das Museum über den Haupteingang an der Exhibition Road betritt, kommt in die Earth Galleries: Die Besucher gleiten in sphärischem Licht auf einer riesigen Rolltreppe nach oben und durchqueren dabei ein Modell der Erdkugel – sehr beeindruckend. Vor allem Kinder lieben die Abteilung der Säugetiere mit der Halle der Wale, in der zum Beispiel ein 28 Meter langer präparierter Blauwal in der Luft zu schweben scheint. Selbstverständlich darf in einem Naturhistorischen Museum auch der Vater der Taxonomie, Charles Darwin, nicht fehlen. Seit 2009 beherbergt das Museum in einem Anbau das Darwin Centre. Es erläutert die Arbeit des bedeutenden Biologen zur Entwicklung der Arten und zeigt zahlreiche Tiere und Pflanzen als eingelegte oder getrocknete Exponate.

INFO: *Cromwell Road,* U-Bahn: South Kensington, geöffnet täglich 10–17.50 Uhr, letzter Fr im Monat bis 22.30 Uhr, www.nhm.ac.uk

Das Natural History Museum mutet von außen wie eine Kirche an (oben). Auch innen gleicht der Bau einer Kathedrale, aber hier staunen Kinder über die Dinosaurierskelette (unten).

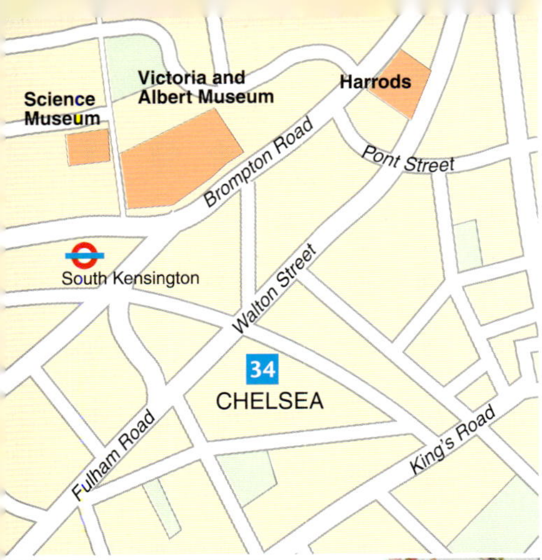

Der Magnolienbaum in rosa Blüte (oben) passt in das noble Viertel, selbst bei Regen wissen sich manche Menschen zu helfen und verpassen grauen Tagen bunte Tupfer (unten). Das Sloane Square Hotel versprüht den Reiz der Backsteinfassaden (rechts oben), während die Briten zwischendurch immer wieder Zeit für den Besuch im Pub finden (rechts unten).

34 Chelsea – Szene der Promis, Stars und Trendsetter

Auf den Spuren von Mick Jagger und Gwyneth Paltrow

Das einstige Fischerdorf am Rand der Stadt hat sich zum In-Viertel gemausert. Stars wie Bryan Adams, Mick Jagger, Gwyneth Paltrow oder Kylie Minogue gehen in Chelsea ein und aus. Zur Zeit von Thomas Morus avancierte Chelsea gar im 16. Jahrhundert zum »Dorf der Paläste«. Dann kamen die Punks und der Kult um Mode und Kommerz.

Es gibt eine Adresse, die zu den besten der Welt gehört: Cheyne Walk. Hier am Ufer der Themse ließ sich William Turner zu seinen pastellfarbenen Gemälden inspirieren und viele Jahrzehnte später wuchsen dort Mick Jaggers Kinder auf. Der Straßenzug mit seinen villenartigen Häusern, viele aus Backstein erbaut, bot lange Zeit eine Insel der Ruhe vor den Toren der Stadt. Früher standen die Häuser direkt am Steilküstenufer der Themse. In Sichtweite schaukeln auch heute noch Hausboote auf dem Fluss und zeugen von alternativem Wohnen. Das Leben im Vorort war stets gemächlich und elegant. Künstler, Schriftsteller und reiche Angestellte ließen sich hier nieder. Von den gepflegten Wohnzimmern hinter den hübschen Sprossenfenstern genossen die Bewohner den Blick auf den Fluss, die Schiffe und die Stadt. Doch das Leben direkt am Ufer endete im Jahr 1854. Die Stadtväter entschlossen sich, einen Damm zu bauen, um das Marschland rund um London vor Überschwemmungen zu schützen. In den ehemals feuchten Wiesen entstanden Wohngebiete und schlossen Chelsea endgültig an die Großstadt an.

Carlyle Mansions

Spätestens in den späten 1960er-Jahren avancierte Chelsea zum In-Viertel, als mit Keith Richards und Mick Jagger zwei der bekanntesten Musiker der Welt an den Cheyne Walk zogen. Und nicht nur Musiker hat das Viertel zu bieten. Hier wohnte auch der Schriftsteller und Essayist Thomas Carlyle. Nach ihm benannt sind die Carlyle Mansions, 1886, fünf Jahre nach seinem Tod errichtet. Nur wenige Meter von dem sechsstöckigen Gebäude entfernt steht auch eine Statue von Carlyle, fast in Sichtweite zu den Wohnungen. Beeindruckend ist nicht nur die Größe der Mansions, sondern auch die feine Dekoration ihrer Fassade. Eingelassen in den dunklen Backstein bilden helle Relieftafeln mit Blumenmustern einen hübschen Kontrast zu den Rottönen. Innen haben sie Feuerschutztreppen und Aufzügen, was im 19. Jahrhundert sehr fortschrittlich war. Vor allem die Bewohner

1895
CÔTE BRASSERIE
THE SLOANE SQUARE

ZETLAND ARMS
ZETLAND ARMS
ZETLAND ARMS
ENTRANCE
COSTA
FOOD
SPORT
TAYLOR WALKER
Built on Tradition

Das Royal Hospital in Chelsea garantiert ehemaligen Soldaten einen gediegenen Ruhestand mit seiner Kapelle (oben) und der großen Halle (unten). Es ist Ort der berühmten Blumenshow, sie dominiert den Stadtteil (rechte Seite oben). Kein Wunder also, dass sich Blüten überall wiederfinden, ob auf Torten (rechts) oder vor dem Michelin Gebäude (rechte Seite unten).

machten die Häuser berühmt. Heute tragen sie den Spitznamen »Writer's Block«. Ian Fleming schrieb hier seinen berühmten James Bond »Casino Royale«, T.S. Eliot fühlte sich ebenso wohl wie Somerset Maugham oder Henry James.

Chesea Old Church

Viele besuchten auch die Chelsea Old Church. Sie stammt aus dem 12. Jahrhundert, als der heutige Stadtteil noch Fischerdorf war. Später soll König Heinrich VII. seine dritte Frau Jane Seymour hier geheiratet haben. Ganz eng verwoben aber ist die Geschichte der Kirche mit dem Leben von Thomas Morus. Der Staatsmann gestaltete im 16. Jahrhundert die Südseite des Gotteshauses neu. Hier liegt seine Ehefrau begraben. Im Innern des Renaissancebaus befinden sich an den Kapitellen Gemälde, deren Motive von der Arbeit des Politikers erzählen. Gemalt hat sie Hans Holbein der Jüngere. Er war mit dem Lordkanzler und später aufgrund seines klaren Bekenntnisses zum Katholizismus heilig gesprochenen Morus befreundet. Die Morus-Kapelle ist der einzige Teil der Kirche, der im Zweiten Weltkrieg nicht zerstört wurde. Nach und nach bauten die Londoner nach dem Krieg ihre alte Kirche rund um die Morus-Kapelle wieder auf.
Thomas Morus war es auch, der die Entwicklung des Dorfes zur Stadt beschleunigte. Er baute sich 1520 ein Haus in der Beaufort Street. König Heinrich VIII. fand bei den Besuchen bei seinem Kanzler so viel Gefallen an der Gegend, dass er sich dort einen Wohnsitz errichten ließ. Der Palast, ein Hochzeitsgeschenk für seine sechste Ehefrau Catherine Parr, diente zugleich als Elternhaus von Elizabeth I. Heute ist von dem Palast nichts mehr zu sehen, er wurde im 18. Jahrhundert zerstört.

Eine andere Erinnerung an den König ist geblieben: die King's Road. Heinrich ließ den Feldweg ausbauen, um besser zwischen dem Stadtpalast und seinem Manor House in Chelsea zu pendeln. Und auch die Könige Karl II. und Georg III. nutzten ihn als Privatweg nach Kew. Erst im frühen 19. Jahrhundert wurde King's Garden für den Publikumsverkehr geöffnet. Das löste einen regelrechten Bauboom aus und so stammen hier bis heute die meisten Bauten aus den frühen 1830er-Jahren.

Wiege des Punk

Schon früh wurden an der King's Road Trends gesetzt. 1876 befand sich hier die erste künstliche Eislaufbahn der Welt und die heimliche Nationalhymne des Landes »Rule, Britannia!« soll Thomas Augustine Arne an der King's Road komponiert haben. In den 1950er-Jahren erfand Mary Quant hier Hotpants und Minirock und die King's Road wurde zum Trendsetter der Jugendkultur. In den 1970er-Jahren eröffnete Vivienne Westwood in Nr. 430 einen Laden mit Kleidung für Rocker und begründeten die Punk-Bewegung. Noch immer tickt die riesige Uhr an der Fassade des Geschäfts und erinnert an die wilden Westwood-Zeiten.

Heute zählt die gut drei Kilometer lange King's Road zu den beliebtesten Einkaufsstraßen Londons. Hier sind Niederlassungen bekannter Marken und erlesene Second-Hand-Geschäfte ansässig, kleine Designer bereichern das Angebot mit ihren fantasievollen Shops. Umgeben von Restaurants und Boutiquen lädt die Saatchi Gallery am Sloane Square zu einem Abstecher in die Welt der modernen Kunst ein. In der ehemaligen Militärkaserne Duke of York's Building werden 3000 Gemälde und Skulpturen der ehemaligen Kunstsammlung des Werbeunternehmers Charles Saatchi gezeigt. Der Schwerpunkt liegt auf Werken unbekannter junger Künstler. In den Nebenstraßen überraschen viele kleine Geschäfte, die sich die Mieten in der großen Mall nicht leisten konnten, mit Design made in London.

Idylle um einen Ruhesitz für Soldaten

Nach dem Ausflug in die nördliche King's Road lockt ein Abstecher nach Süden zum Chelsea Royal Hospital. Das Altersheim für britische Soldaten aus den frühen 1680er-Jahren geht zurück auf eine lange Tradition. König Karl II. wollte eine prunkvolle soziale Einrichtung haben, ähnlich die der Invalides in Paris. Besonders sehenswert sind der große Saal sowie die Kapelle. Das Gebäude dient noch immer seinem ursprünglichen Zweck und für Besucher sind nur einige Räume zugänglich. Zu den schönsten Parks des Stadtteils gehört jedoch der Chelsea Physic Garden. Abseits der öffentlichen Parks wie Ranelagh Gardens und Burtons Court gelegen, ist der ehemalige Heilkräutergarten eine der ältesten Grünflächen des Landes.

CHELSEA FLOWER SHOW

Einmal im Jahr trifft sich das britische Who-is-Who zwischen Chelseas Grün: Im Mai startet mit der Chelsea-Flower-Show schon seit hundert Jahren die wichtigste Gartenausstellung Großbritanniens. Während der fünf Tage wird der Garten des Royal Hospital zur Bühne. Wunderschöne Blumengestecke und seltene Züchtungen sind dort zu sehen und ganze Schaugärten werden zur Flower Show aufgebaut. Es werden Preise verliehen. Die Ausstellung ist auch ein wichtiger Treffpunkt der High-Society des Landes. Sogar die Queen kommt zur Eröffnung. Ausgerichtet wird die Show von der Royal Horticultural Society. Eine der 157 000 Karten für das Ereignis zu bekommen, ist nicht ganz einfach. Nur die Bewohner des Royal Hospitals haben auch während der Show freien Eintritt in ihren Park. Die Männer in den stolzen Uniformen mit den roten Jacken lassen sich gern mit Gästen fotografieren und stimmen die Besucher mit ihrer Blaskapelle auf das Festival ein.

WEITERE INFORMATIONEN

Chelsea Flower Show, Royal Hospital Road, Chelsea, London, Tel. (Royal Hospital) 020-7881 5200, Tel. Kartentelefon Chelsea Flower Show: 012-17674063, U-Bahn: Sloane Square tube, www.rhs.org.uk

Holland Park gehört nicht nur zu den grünen Lungen der Stadt, der Park ist ein Beispiel für perfekt umgesetzte Grüngestaltung. Mit seinen angrenzenden Backsteinvillen (oben) und den Gärten, durch die Pfauen streifen (unten), untermauert er die hohe Kunst der Gartengestaltung im Königreich, vor allem der Kyoto-Garten (rechts unten).

35 Holland Park – Villen zwischen Buchsbäumen und Tulpen

Edle Villen und exotische Gärten

Diese Wohngegend gehört nicht nur zu den teuersten Londons, sondern sogar zu den exklusivsten der Welt. Eingebettet in die berühmtesten Shoppingstraßen der Stadt, formiert sich im Westen ein Viertel mit ganz eigenem Flair. Bis zum beginnenden 17. Jahrhundert war Holland Park Brachland. Doch dann ließ sich Sir Walter Cope hier ein sehr luxuriöses Haus bauen.

Pfauen sitzen im Gras und lassen ihr farbenprächtiges Gefieder in der Sonne glänzen. Eichhörnchen flitzen von Baum zu Baum und in der Ferne ist Schweinegrunzen zu hören. Manchmal lassen sich hier sogar Schwärme von Goldhähnchen nieder. Wer dem Lärm der Stadt entfliehen will und die Natur sucht, ist in Holland Park genau richtig. Doch der 22 Hektar große Park ist viel mehr als nur ein Naherholungsgebiet. In seiner direkten Umgebung gibt es viel Historisches zu entdecken. Etwa das gleichnamige Haus, Holland Park. Mit ihm begann die Erschließung der einstigen Brachfläche im Westen der Stadt.

Beliebt bei Königen und Dichtern

Sir Walter Cope, seines Zeichens Minister unter König Jakob I., fand am Holland Park einen hübschen Platz für seine Baupläne. Er wollte etwas ganz Neues erschaffen, ein Gebäude mit einem E-förmigen Grundriss. Das Cope Castle, wie der Bau einst genannt wurde, war derart beliebt, dass sogar der König selbst mit seiner Familie einige Male dort übernachtete. Schreiber John Chamberlain notierte damals in seinen historischen Briefen, dass »man nicht einmal eine Kirsche anfassen durfte, weil die Königin erwartet wurde«. Später wurde das Gebäude nach seinen Besitzern in Holland House umbenannt. Berühmt ist es, weil es im späten 19. Jahrhundert zum Treffpunkt berühmter Dichter und Denker wurde: Charles Dickens, Alexander von Humboldt, Klemens von Metternich und George Byron gingen hier ein und aus. Der dritte Earl of Holland sympathisierte mit den Whigs, der Gegenpartei der konservativen Tories, und machte das Gebäude zu einem Zentrum des literarischen Lebens und der politischen Gegenbewegung. Nach der geistigen Blüte erfolgte eine weltliche. Im Ballsaal des Herrenhauses feierten die Adeligen und Reichen rauschende Feste. Die einstige Pracht allerdings lässt sich nur noch erahnen, das Gebäude wurde im Zweiten Weltkrieg zerbombt und geblieben sind malerische Ruinen. Der Ballsaal be-

herbergt heute das Restaurant Belvedere und die Orangerie zeigt Ausstellungen. Selbst die Ruinen verströmen so viel Atmosphäre, dass sie heute als Kulisse für sommerliche Theaterstücke genutzt werden. Der einstige Ballsaal ist ein Restaurant. Fast genauso berühmt wie das Haus ist der Park mit seinen exotischen Bäumen, der Schwertliliensammlung und den seltenen Dahlienarten.

Gartenkunst aus der ganzen Welt

Eingebettet in formalistische mit Buchsbaum umrandete Beete erfreuen heute Tulpen, Mohn und andere Stauden die Besucher mit ihrer Farbenpracht. Etwas weiter nördlich befindet sich der japanisch angehauchte Kyoto-Garten mit seinem großen Teich, in dem Koi schwimmen. Und ganz weit hinten hat die Stadt ein innovatives Renaturierungsprojekt gestartet. Der Brennnessel- und unkrautüberwucherte Boden soll nicht etwa mit chemischer Keule wieder fit gemacht werden für wilde Wiesenflächen. Die Arbeit der Unkrautvernichter übernehmen Schweine, die den Boden des Parks an eingezäunten Stellen so lange umwühlen, bis keine Wurzel mehr zu finden ist. Doch nicht nur die Natur in Holland Park lohnt einen Besuch. Hier empfiehlt sich unbedingt ein Abstecher zum Leighton House. Das von außen so schnörkellose Backsteingebäude gestaltete Lord Frederick Leighton. Der viktorianische Maler und Illustrator schuf sich hier einen exquisiten Wohnsitz. Ausgestattet mit teurem Porzellan und kostbaren Möbeln beeindruckt das Haus vor allem mit seiner Arabischen Halle. Blau, Grün und Gold glänzen dort die Kacheln, die der Künstler von seinen Reisen mitbrachte. Ein Springbrunnen in der Mitte vervollständigt den orientalischen Traum.

LINLEY SAMBOURNE HOUSE

Das Linley Sambourne House südlich des Holland Parks gehört zu den Schätzen der Stadt. Hier wohnte der Zeichner, der Ende des 19. Jahrhunderts mit politisch inspirierten Motiven für Aufsehen sorgte. Die Inneneinrichtung ist originalgetreu erhalten und ein schönes Zeugnis viktorianischer Zeit mit William-Morris-Tapeten, geschwungenen Sofas und Buntglasfenstern. Hier fühlen sich Besucher in die alte Zeit versetzt, wenn sie durch die schmalen, langen Räume über dicke arabische Teppiche laufen, vorbei an üppig dekorierten Tischen voller Bilder und Vasen. Sogar das Schlafzimmer mit Dutzenden von kleinen Bildern an den dunkel tapezierten Wänden ist noch fast wie früher. Was heute als überladen gelten würde, gehörte damals zum guten Ton. Ein kleiner Film lässt alte Zeiten wieder aufleben und gibt Einblicke in das Leben des Karikaturisten. Die neun Zimmer lassen sich am besten bei einer Führung besichtigen.

WEITERE INFORMATIONEN

Holland Park, Ilchester Place, Tel. 020-76022226, täglich 7.30 Uhr bis 30 Minuten vor Einbruch der Dämmerung, U-Bahn: Kensington, www.rbkc.gov.uk

In Notting Hill schlüpfen die Menschen gerne in fremde Rollen, ob beim Carneval (oben) oder als Kleinkünstler auf der Portobello Road (unten). Selbst die Häuser scheinen sich verkleidet zu haben und beeindrucken mit knallbunten Farben, am Portobello Road Market tragen diese Fassaden zugleich die Landesfarben.

36 Notting Hill – angesagtes Pflaster der schrillen Kontraste

Ein Viertel mit filmreifem Charme

Makellos weiße Reihenhäuser, schmiedeeiserne Zäune, kleine säulengestützte Erker und versteckt zwischen den Häuserreihen kleine Stadtparks – rund um Ladbroke Grove wirkt Notting Hill recht gediegen. Doch das multikulturelle Viertel ist auch bekannt für schrille Mode, als Wiege neuer Trends und für seine berühmte Portobello Road mit ihrem Straßenmarkt zwischen knallbunten Hausfassaden.

Der wohl berühmteste Buchladen des Viertels verkauft Schuhe. Für Hollywood-Blockbuster »Notting Hill« verwandelte das Filmteam das frühere Antiquitätengeschäft an der 142 Portobello Road kurzerhand in den Buchshop des Filmhelden William Thacker, alias Hugh Grant. Die Geschichte um den Buchhändler, der sich in eine berühmte Hollywoodschauspielerin verliebt, hat Zuschauer aus aller Welt verzaubert. Immer noch kommen täglich viele Touristen und suchen nach den Spuren der Filmromanze von 1999. Sie fragen Einheimische nach der blauen Tür, dem Kino, oder lassen sich vor dem leuchtend blauen Schaufenster des Geschäfts fotografieren, das im Film zum Buchladen wurde. Über diesem Fenster steht in malerischen Lettern »Notting Hill«.

Portobello Road und Portobello Market

Britisches Rot, ein Farbe wie die der Londoner Busse, macht auf die noch fotogenere Fassade der 86 Portobello Road aufmerksam. Das Antiquitätengeschäft Alice's ist ein Laden wie aus dem Bilderbuch: Vor der Tür türmen sich ausgediente Koffer, Kisten, Flaggen und alte Emailleschilder. Lederturnschuhe lassen Erinnerungen an Fußballturniere aufkommen, Globen, Holzkisten und weiße Blecheimer wirken wie soeben für Filmaufnahmen arrangiert. Aber nein, hier ist alles echt. Alice's ist ein Klassiker an der Portobello Road. Die Geschäfte in diesem Teil Notting Hills haben sich auf Gutes aus alten Zeiten spezialisiert. Von der Grafik über Sessel bis zum Silberbesteck lässt sich hier Stilvolles mit Geschichte finden. Der Name der Straße erinnert an eine Schlacht in Panama. 1739 errangen die Briten in Porto Bello einen entscheidenden Sieg gegen die Spanier, was den Besitzer einer Farm in Notting Hill veranlasste, sein Haus in Porto Bello umzubenennen.

Kaum zu glauben, dass es in dem so quirligen Viertel einst vollkommen ländlich zuging. Der berühmteste Antiquitätenmarkt der Stadt und vielleicht der

ESTᴰ 1887
ALICE'S
CHLOE ALBERRY

Das Museum of Brands (oben) bietet ebenso Ausgefallenes an wie die Schaufenster am Ladbury Grove (unten) oder am Portobello Market (rechts). Ob alte Schilder, Leitern, Sportgeräte oder Schuhe – Antiquitäten haben hier viele Gesichter.

Welt hat es geradezu zu einem Paradies für Antiquitätenhändler gemacht. Jeden Samstag drängen sich hier die Menschen durch die engen Straßen an den vielen Ständen vorbei, suchen nach Schnäppchen oder wollen nur sehen und gesehen werden. Mehr als 1500 Händler feilschen mit ihren Kunden um Pennies und Pfund, verkaufen Bücher, Mützen, Second-Hand-Mode oder alte Filme. Künstler sitzen mit Strohhüten vor den Läden und bieten Zeichnungen und Stiche feil. Lagerräume voller alter Nähmaschinen oder sogar Gasmasken gibt es auf dem Freiluftmarkt.

Schnäppchenjäger kommen schon in den frühen Morgenstunden und feilschen um Porzellan und Puppen. Aber auch Designer-Mode und Mitbringsel sind hier leicht zu finden. Die Auswahl ist enorm und von dem einzigartigen schrägen Humor der Londoner geprägt. Der Markttrubel zwischen den knallig bunten Häusern der schmalen Straßen inspirierte viele Musiker und Dichter. »Portobello Road« heißt ein Song von Cat Stevens von 1966. Der Schriftsteller Paulo Coelho ließ hier seinen Roman »Die Hexe von Portobello« spielen.

Magnet des Stadtteils aber bleibt der Film »Notting Hill«. Überall wandeln Besucher auf den Spuren des Streifens, der zum großen Teil tatsächlich vor Ort gedreht wurde. Etwa am Notting Hill Gate. Dort liegt das Coronet Cinema, ein ehemaliges Theater von 1898 mit einer kleinen Kuppel. Stars wie der 1920er-Jahre Filmstar Ellen Terry traten hier auf, aber schon bald blieben die Besucher aus. Das Theater lag zu weit draußen, wer wollte schon nach Notting Hill? Später funktionierte man es zu einem Kino um. Mit seinen Logen, dem Parkett und den geschwungenen vergoldeten Balkonen gehört es heute zu den stimmungsvollsten Lichtspielhäusern in ganz London. Hier einen James Bond zu sehen, wenn die roten Vorhänge sich heben, ist etwas ganz Besonders. Man muss ja nicht gleich mit Taucherbrille ins Kino gehen wie Hugh Grant im Film Notting Hill.

Gut gehütetes grünes Geheimnis

Vom Kino aus lohnt sich ein Streifzug zur Lansdowne Road. Hinter den strahlend weißen Fassaden der Reihenhäuser versteckt sich Notting Hills grünes Geheimnis: Privatgärten, die tatsächlich nur nutzen kann, wer auch hier wohnt. Kleine Gärten münden in große gemeinschaftliche Parks mit altem Baumbestand, für Besucher unsichtbar zwischen zwei Häuserzeilen gelegen. Selbst wenn nicht jeder die Gärten sehen kann, bemerkbar machen sie sich doch: Die Luft riecht viel klarer und würziger als in der City. An einem Wochenende im Jahr lassen sich manche der versteckten Gärten auch entdecken: am Open Garden Squares Weekend öffnen Londoner ihre privaten Gärten für das Publikum.

Es scheint fast so, als hätten die Architekten in Notting Hill eine Reihenhausphase durchlebt. Zentrum dieser Stadtplanung ist Lansdowne Crescent, eine Straße, in der die Reihenhäuser kreisförmig um die Gärten herumgebaut sind. Fast puppenstubenartig wirken die viergeschossigen schmalen Kettenbauten der Arundel Gardens mit ihren Mansardendächern. Die homogenen strahlend weiß verputzten Häuser erinnern ein wenig an die Vorläufer aller Reihenhäuser, die Backstein-Gebäude am Pariser Place des Vosges. In ihrer gleichförmigen Geschlossenheit sehen sie aus wie

Gerne sind die Waren schrill oder versprühen nostalgischen Blümchencharme (unten). An der Pembridge Road (oben und links) dominiert Blau die Häuserfronten.

Für manche Spezialitäten wie hier in Tom's Deli Café stehen die Engländer gern Schlange (oben) ebenso wie bei Granger & Co (unten). Kleine Pubs dominieren hier das Straßenbild (Mitte). Im August steht der Stadtteil Kopf und feiert seinen bunten Karneval, der ein wenig an die Karibik erinnert (rechte Seite).

ein einziger langer Palast und strahlen Wand an Wand stehend als Gesamtbild Großzügigkeit und Pracht aus.

Enge Bebauung war beliebt im stark expandierenden London des 19. Jahrhunderts, als Planer die Metropole London um Notting Hill erweiterten. Doch so strahlend schön, dass sie bis zu siebenstellige Erlöse am Immobilienmarkt erreichen, waren die Häuser hier nicht immer. Wo heute gestylte Menschen in glänzenden Schuhen über sauberen Asphalt spazieren, herrschte noch vor 150 Jahren dörfliche Atmosphäre. Hühner gackerten, Schweine grunzten, Müll stapelte sich in den Vorgärten, von der Arbeit im nahen Ziegelwerk dreckige Männer zogen durch die Straßen. Notting Hill war um 1860 Londons Schmuddelkind. Charles Dickens bezeichnete das Viertel rund um das Ziegelwerk gar als »Pestbeule«.

An die Ziegelei erinnert heute der Straßenname Pottery Lane. Ein einziges Bauwerk ist noch in den alten Steinen erhalten geblieben: Ein konisch aufragender Turm am Ende der Walmer Road.

Wandel zum In-Viertel

Lange sollte Notting Hill verrufen bleiben. Nach dem Zweiten Weltkrieg freuten sich Flüchtlinge aus Irland, der Karibik oder Afrika über die günstigen Wohnungen nördlich des Hydeparks. Doch diese neue Mischung verschiedener Kulturen beinhaltete Zündstoff. Die Briten fühlen sich von Einwanderern überrannt. Um sich abzugrenzen und sich deutlich als Engländer zu positionieren, bildeten die Jugendlichen Notting Hills eine ganz eigene Kultur. Hier liegt die Geburtsstätte der Teds, geschniegelter Jugendlicher mit Anzug, engen Hosen und Elvis-Tolle. Sie zogen durch die Straßen wie spanische und afrikanischstämmige Jugendliche und die Kulturen prallten aufeinander. 1958 war Notting Hill Ausgangspunkt der ersten Rassenunruhen in England. Doch in den 1960er-Jahren setzte ein Wandel ein. Der neu initiierte Karneval (siehe Tipp) lockte nicht nur Neugierige, sondern Musiker und Künstler suchten und fanden ebenso Inspiration in Notting Hill. Bob Marley nahm hier ein Musikalbum auf. Später stand die heute als Popsängerin bekannte Lilly Allen im Alter von fünf Jahren hier erstmals auf der Bühne. Auch wurde Dire Strait-Sänger Mark Knopfler, der in den 1980er-Jahren in Notting Hill eine Country-Musik-Band mit dem einprägsamen Namen »The Notting Hillbillies« gründete, zu einer Legende. Knopfler unterhielt im Stadtteil ein privates Aufnahmestudio und nutzte dieses prompt für einen Exkurs in das Genre der Country- und Folkmusik. Noch bis in die späten 1990er-Jahre war die Formation aktiv und sorgte für Musikprominenz in den Straßen des Stadtteils, der schon früh in die Rockgeschichte einging. Immerhin starb der Ausnahmegitarrist Jimi Hendrix 1970 in Notting Hill, als er im Appartement seiner deutschen Freundin Monika Dannemann eine Überdosis Drogen nahm. Van Morrison inspirierte der Stadtteil zu neuen Songs und Eric Clapton komponierte hier seinen Hit »Cream«. Viele Musikstudios haben sich inzwischen am Ladbroke Grove angesiedelt und bannen Songs und Balladen auf digitale Datenträger. Auch die bekannte Space-Rock-Gruppe Hawkwind wurde hier gegründet.

Wo sich Musiker tummeln, bleiben auch Nachtklubs und Bühnen nicht lange fern, So kann sich das Nightlife Notting Hills sehen lassen. Zwar ist der »Notting Hill Arts Club« am Notting Hill Gate längst kein Geheimtipp mehr, aber seine Live-Konzerte setzen immer noch Trends, ebenso wie die des Blagclubs Holland Park. Notting Hills Pubs und Bars ziehen Nachtschwärmer an.

Kulinarisch und musikalisch hip

Doch nicht nur musikalisch, auch kulinarisch hat das Viertel einiges zu bieten. Kein Besucher sollte sich in Notting Hill entgehen lassen, in mindestens eins der vielen Restaurants zu gehen. Da fällt die Entscheidung nicht leicht: Etwas Gesundes aus dem Bio-Restaurant auf der Portobello Road, mexikanische Taccos am Notting Hill Gate oder asiatische Küche ein paar Häuser weiter? Ob brasilianisch, indisch, französisch oder kreolisch – auf den Speisekarten der Gasthäuser zeigt sich Multikultur von ihrer besten Seite. Besonders berühmt sind die Restaurants »The Gate«, »First Floor Restaurant«, »Market Thai« und »Electric Brasserie«. Und Londons namhaftester Koch Jamie Oliver unterhält an der Pembridge Road eine eigene Kochschule.

Insgesamt setzt Notting Hill heute als Viertel ein positives Beispiel für Gentrifizierung. Es hat sich aber dem vielen Grün der versteckten Gärten und den Reihenhäuschen den Charme der Kleinstadt bewahrt und bezaubert Popsänger Robbie Williams genauso wie das Model Claudia Schiffer oder Stella McCartney. Die Straße Westbourne Grove ist neben ihren Antiquitätengeschäften vor allem berühmt für ihre vielen Designerläden und gilt als Notting Hills Einkaufsparadies. Es bietet neben Shopping ebenfalls Inspiration, für Outfits und neue Looks, die auffallen und die sonst niemand hat.

NOTTING HILL KARNEVAL

Während andere Länder rund um den Rosenmontag Karneval feiern, startet Notting-Hill seine große Parade im Sommer. Am letzten August-Wochenende könnte man Notting Hill auch für ein Stadtviertel von Rio de Janeiro halten. Dann ziehen spärlich bekleidete Tänzerinnen in goldenen Bikinis und mit üppigem Federschmuck im Haar tanzend durch die Straßen. Bands sorgen drei Tage lang für karibische Rhythmen – der Notting Hill Karneval ist Europas größtes Straßenfest. Was heute mit einem Umzug von Steelbands und Straßentänzen ziemlich fröhlich anmutet, hat einen ernsten Hintergrund. Entstanden ist der Karneval in Notting Hill aufgrund der Rasseunruhen Ende der 1950er-Jahre. Die Veranstaltung sollte ein Miteinander der Kulturen symbolisieren und zeigen, wie bereichernd exotische Einflüsse sein können. Obwohl der erste Karneval Notting Hills schlicht im Gemeindesaal gefeiert wurde, war er gleich ein großer Erfolg. Erst 1966 eroberte das Fest der Kulturen die Straßen des Viertels.

WEITERE INFORMATIONEN

Visit London, 2 More London Riverside, Tel. 020-72345800, Mo–Fr 8.30–18 Uhr, Sa + So 10–16 Uhr, www.visitlondon.com, www.thenottinghillcarnival.com

Den Besucher nicht aus den Augen lässt dieser Berggorilla (oben) im Zoo. Während er eher ruhig da sitzt, wuseln die Erdmännchen hektisch durch ihr Gehege (unten). Der Tiger hingegen tarnt sich gut im Grün (rechts unten). Unspektakulär sieht der Zebrastreifen vor den Abbey Road Studios aus – er steht aber unter Denkmalschutz dank der Beatles (rechts oben).

37 Regent's Park – grünes Freizeitparadies mit Zoo

Inspiration für Kinderbücher

Regent's Park zählt zu den wichtigsten Freizeitangeboten in London. Das Naherholungsgebiet lädt zum Bootfahren auf seinen Seen ein. Es gibt Tennis- und Fußballplätze und ein Open-Air-Theater. Direkt nebenan liegt Londons Zoologischer Garten, der erste Europas. Besonders im Sommer ist er ein grüner Hotspot für Einheimische und Touristen jeden Alters.

Wo heute Graureiher nach Fischen suchen, sollten eigentlich Villen und Herrenhäuser stehen. So sah es ein Plan von König Georg IV. im beginnenden 19. Jahrhundert vor. Sein Jagdrevier, die Marylebone Fields, sollten sich in einen königlichen Park verwandeln und ein Palast für den Herrscher gebaut werden. Der Architekt John Nash entwarf das größte aristokratische Viertel Europas mit fast 60 Villen für Freunde des Königs und sorgte für innovative Impulse für die Stadtplanung: Seine Häuser zählen bis heute zu den Musterbeispielen der Reihenhausarchitektur. Als Besitzer des angrenzenden Regent's Kanal plante der Architekt, das Gewässer durch den Park zu führen. Zudem sollte eine Ringstraße den Verkehr leiten und ein See ausgehoben werden. Doch das zentrale Element blieb der Königspalast.

Europas erster Zoologischer Garten

Kaum hatten die Umbauarbeiten begonnen, entschied sich der König für den Ausbau des Buckingham-Hauses zum Palast und legte seine Neubaupläne auf Eis. Ein Glücksfall für die Londoner, denn 1835 öffnete die Grünfläche als öffentliches Naherholungsgebiet, zunächst nur zwei Tage die Woche. Auch von den ursprünglich geplanten 56 Villen wurden nur acht gebaut. Eine davon, St John's Lodge, ist heute der Sitz des Sultans von Brunei.

In den nicht bebauten Freiflächen richteten bald die Zoologische Gesellschaft und die Königliche Botanische Gesellschaft ihre Gärten ein. Der ganz im Norden liegende Tierpark gilt als Europas erster Zoo. Er war bei seiner Eröffnung im Jahr 1928 der erste, der seine Tiersammlung »Zoologischer Garten« nannte. Damit war der Begriff Zoo geboren. Mit dem Orang-Utan, dem Beutelwolf, der Oryx-Antilope und dem Großen Kudu stellte der Verein für damalige Verhältnisse sehr exotische Tiere aus. Die Zoologen befürchteten allerdings, dass die Tiere die nasskalten Londoner Winter nicht überleben würden, und hielten sie deshalb in Häusern. Erst 1902 durften die Tiere auch nach draußen.

Inspiration für Winnie the Pooh

Der zunächst nur für wissenschaftliche Zwecke gedachte Zoo öffnete 1847 seine Tore auch für das breite Publikum. Zu den Attraktionen der heute rund 5000 Tieren zählen die Elefanten, Nilpferde und Affen, aber ebenso lohnt es hier, auch die ganz kleinen Tiere zu betrachten. Besonders gelungen ist der Glaspavillon für »Krabbeltiere«. Dort können Besucher Blattschneideameisen, Gottesanbeterinnen, Termiten, Quallen und Bienen bei der Arbeit beobachten. Ein architektonischer Höhepunkt ist das Pinguinbecken aus den 1930er-Jahren im schnörkellosen Bauhausstil. Und einige Tiere des Zoos haben auch schon Geschichte geschrieben. Am berühmtesten wurde ein amerikanischer Schwarzbär. Als der Schriftsteller Alan Alexander Milne in den 1920er-Jahren mit seinem Sohn Christopher Robin den Zoo besuchte, verliebte sich das Kind in den Bären und der Vater schrieb für seinen Sohn das Kinderbuch »Winnie the Pooh«.
Wer heute in den Zoo möchte, muss übrigens nicht durch den Park wandern, sondern kann auch eine Bootsfahrt auf dem angrenzenden Kanal unternehmen. Doch die eigentlichen Stars dieser Fahrt sind nicht die großen Tiere in den Gehegen, denn die sind meist hinter Büschen versteckt. Wer entweder auf einem Wassertaxi oder gar einer Gondel hier entlang schippert, sieht immer wieder Eichhörnchen über die Wege und Baumstämme huschen. Buchbar sind solche Wassertouren über die Tourismusämter. Darüberhinaus bietet Regent's Park viele weitere Möglichkeiten für Freizeit und Erholung: Viel Grün, einige Spielplätze, Fußballfelder und Softballcourts. Im Sommer können Besucher mit etwas Glück von Mitte Mai bis Anfang September in einem der ältesten Open-Air-Theater der Stadt am Inner Circle Aufführungen von Shakespeare-Stücken erleben (www.openairtheatre.org) während Familien mit Picknickkörben an ihnen vorbei schlendern auf der Suche nach einem freien Plätzchen Grün. Und wer noch Zeit hat, wandert auf den kleinen Berg Primrose Hill und genießt den Panoramablick über den Park.

ABBEY ROAD STUDIOS

Er ist vielleicht der einzige Zebrastreifen Europas, der unter Denkmalschutz steht: Ganz in der Nähe des Regent's Park liegt eine Pilgerstätte für Beatlesfans: Die Zebrastreifen vor der Abbey Road Nr. 3 zierten das berühmte, gleichnamige Album der Musiker. Wo einst John Lennon und Paul McCartney die Straße überquerten, tummeln sich heute Touristen und posieren in den Haltungen der Beatles für Schnappschüsse, sehr zum Ärger der Taxi- und Autofahrer. Die denkmalgeschützten Studios sind heute immer noch in Betrieb. Musiker spielen dort ihre neuen Stücke ein, für das Publikum sind die Aufnahmeräume nicht zugänglich, aber man kann sie im Rahmen einer Stadtführung besuchen. Wer auf den Spuren der Beatles wandeln will, kann zum Beispiel an einem Beatles-Stadtrundgang des Anbieters »London Walks« teilnehmen. Sie führt unter anderem an den Drehorten der Filme »Help« und »A Hard Day's Night« vorbei.

WEITERE INFORMATIONEN

3 Abbey Road, Tel. 020-72667000, U-Bahn: St John's Wood, Tourenbuchung über London Walks, Tel. 020-76243978, www.beatlesinlondon.com

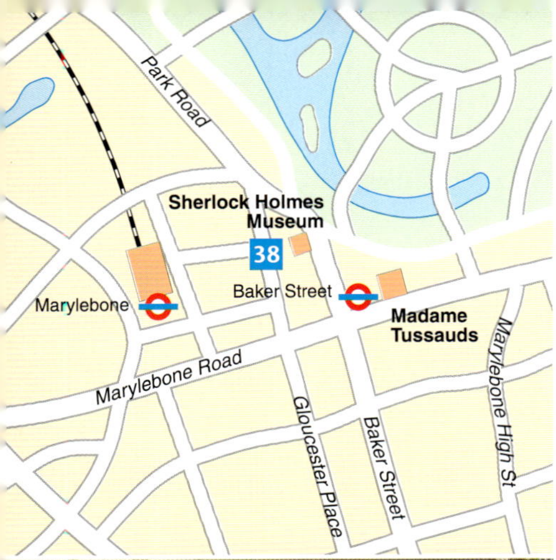

Ein kleines, schmales Haus entführt in die Welt von Sherlock Holmes, sogar mit echter Wache vor der Tür (oben). Während er aus Fleisch und Blut ist …

38 Sherlock Holmes Museum – zu Gast beim Meisterdetektiv

Stilecht zwischen Schusslöchern und der berühmten Lupe

Das Kaminzimmer mit seiner goldgelben Sitzgarnitur war sein wichtigster Aufenthaltsraum: Dem Meisterdetektiv Sherlock Holmes hat London ein eigenes Museum gewidmet. Eingerichtet im Stil des endenden 19. Jahrhunderts, ist es nicht nur für Bücherfans ein schöner Einblick ins Mittelklasseleben viktorianischer Zeit.

Stilecht mit seiner blauen Uniform und seinem hohen Helm ausgerüstet, empfängt der englische Polizist die Besucher im Sherlock Holmes Museum an der Eingangstür der Baker Street 221b.
Schon die Hausnummer ist Fiktion, denn zu Zeiten des Autors Arthur Conan Doyle reichte die Straßennummerierung nur bis zur 100.
In dem schmalen Gebäude genießen heute Krimi-Fans den Rundgang durch die Szenerien, die bisher nur aus Büchern kannten. Auf drei Etagen tauchen die Besucher ein in das Leben des viktorianischen Londons. Eine enge Treppe führt in den Salon im ersten Stock. Hier brüteten Sherlock Holmes und sein Kompagnon Watson über ihren Fällen und hier empfingen sie hier die Gäste. Viele der Kriminalgeschichten beginnen im Salon mit dem ersten Gespräch von Holmes und Watson mit ihren Auftraggebern.

Schusslöcher in der Wand

Auf dem kleinen blank polierten Holztisch liegen die berühmte krumme Pfeife des Detektivs, seine karierte Kappe und die Lupe, von der er sich nur selten trennte. Wer genau hinsieht, erkennt sogar Schusslöcher in der Wand gegenüber des Kamins. Sie bilden die Initialen VR und eine Hommage des Detektivs an Königin Victoria Regina. Zur Sammlung des Hauses gehören englische Jagdmünzen, alte Fotos, Bücher und Pfeifen, und sogar die Wachsfigur von Professor Moriarty mit seinen entstellten Lippen, denn manche Krimi-Szenen sind mit Wachsfiguren nachgestellt. Das Museum wird heute von der Sherlock Holmes International Society geführt. Sie beantwortet die zahlreichen Briefe, die noch immer aus aller Welt an den berühmten Privatdetektiv geschrieben werden. Und zwar stilecht in der Sprache des viktorianischen Englands. Ein wenig schade ist allerdings, dass der Besucher nicht mehr über den Autor erfährt.

INFO: *The Sherlock Holmes Museum,* 221b Baker Street, Tel. 207-2243688, U-Bahn: Baker Street, täglich 9.30–18 Uhr, www.sherlock-holmes.co.uk

39 Madame Tussauds – Stars aus Wachs

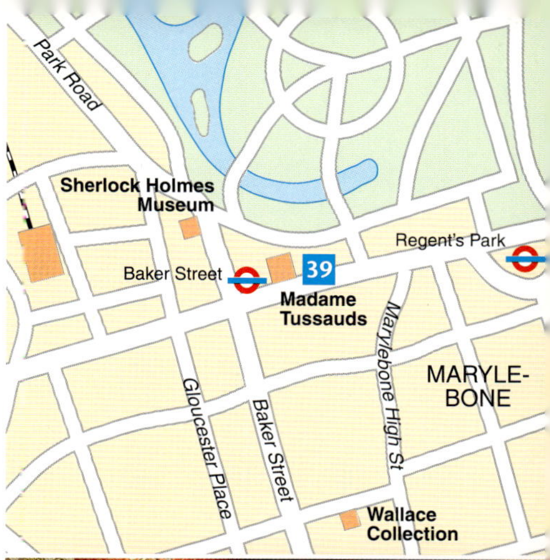

Zeugnisse wichtiger zeitgenössischer Szenen

Ihren Vornamen kennt kaum jemand, ihre Figuren jedoch sind weltbekannt. Marie Tussaud gilt als Erschafferin eines der berühmtesten Wachsfigurenkabinette der Welt. Ihre lebensechten Wachsmenschen sind heute auch in Städten wie New York oder Berlin zu bewundern – das Original aber steht in London.

Sie ist vielleicht die erste Multimedia-Künstlerin ihrer Zeit: Marie Tussaud erschuf lebensgroße Wachsfiguren von Prominenten, die jeder sehen konnte. Als in den 1830er- Jahren Zeitungen das einzige Medium waren, um die Menschen zu informieren, galt es noch als etwas Besonderes, ein Abbild der Queen oder eines französischen Philosophen in Lebensgröße zu sehen. Doch alles begann sehr grausam: Während der französischen Revolution 1789 wurde Marie Tussaud gezwungen, Abbilder der geköpften Häupter von König Ludwig XVI. und Marie Antoinette sowie der Revolutionsführer Georges Danton und Maximilien de Robespierre anzufertigen, da die ausgestellten Originale zu schnell verwesten.

Museum mit Gruselkammer

Wirtschaftliche Not zwang die gebürtige Straßburgerin 13 Jahre später zu einer Reise nach England, wo sie ihre Figuren mit großem Erfolg präsentierte und 1835 in London ihr erstes Kabinett eröffnete. Bis heute hat dies nichts an Faszination verloren. Und immer neue Stars vervollständigen die Sammlung. So kann man inzwischen die heutige Duchess of Cambridge Catherine in ihrem stahlblauen Verlobungsgewand neben ihrem Verlobten, Prinz William, bewundern. Selbst das glückliche Blitzen ihrer Augen ist detailgetreu nachempfunden. Es wird vermutlich nicht das einzige wächserne Abbild des Paars bleiben. Allein von der Queen fertigte das Museum bislang 23 Figuren an. Die jüngste zeigt sie in ihrem prächtigen weißen Gewand anlässlich ihres diamantenen Kronjubiläums. David Beckham, Amy Winehouse und Angela Merkel sind im Wachsfigurenkabinett verewigt, ebenso wie Albert Einstein und Charles Dickens. Kinder können sich die eigene Hand in Wachs gießen lassen. Nervenstarke Erwachsene lassen das Gruselkabinett Chamber Live nicht aus und tauchen in die Geschichte britischer Serienmörder ein.

INFO: *Madame Tussauds,* Marylebone Road, Tel. 0871-894 3000, U-Bahn: Baker Street, täglich 9.30–17.30 Uhr, www.madametussauds.com/London

… sind die Berühmtheiten bei Madame Tussaud's aus Wachs – mit dem Abbild der Queen lässt sich so mancher gerne fotografieren (oben), ebenso wie mit dem Naturforscher Isaac Newton (unten).

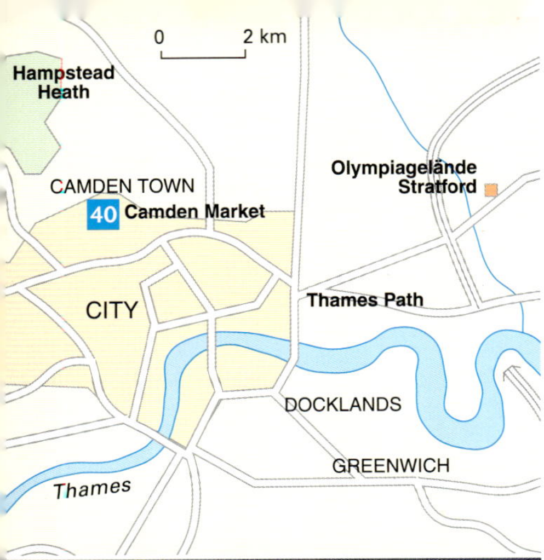

Wuselig und punkig präsentiert sich Camden Town seinen Besuchern. Ob riesige Schuhe an den Fassaden (oben) oder die vielen Schilder der schmalen, aber langen Läden (rechts) – der Stadtteil inspiriert mit seiner Vielschichtigkeit nicht nur Künstler. Nicht wegzudenken aus dem Straßenbild sind Fahnen jeder Art.

40 Camden Town – London wie aus dem Bilderbuch

Immer die Musik von Amy Winehouse im Ohr

Wenn sich in verfallenen Häusern billiger Wohnraum findet, nehmen Stadtteile oft eine ganz eigene Entwicklung. Einstige No-Go-Areas, in denen Bürger bloß nicht bei Dunkelheit (und möglichst auch nicht im Hellen) auf der Straße gesehen werden wollten, verwandeln sich plötzlich in Szeneviertel. Die niedrigen Mieten ziehen auch Künstler und Literaten an. Bilderbuchhaft dafür ist Camden Town.

Pferdehufe klappern über Asphalt. Die Luft ist grau vom Rauch der Schlote und Schornsteine, Männer schieben Handkarren mit Kohle und Kartoffeln durch Camden Market. Camden Town vor 200 Jahren. Es liegt etwas Verruchtes über dem Londoner Vorort. Aus den vielen Kneipen dringen irische Gesänge. Am späten Abend torkeln Eisenbahnarbeiter nach Hause, die ein Feierabend-Pint zu viel getrunken haben. Diebe haben ein leichtes Spiel, den Wochenlohn aus den Hosentaschen zu fingern, wenn er nicht schon zuvor in Bier umgesetzt worden ist. Im 19. Jahrhundert war Camden Town weder bunt noch trendy. Hier fuhren die Kutschen einen Gang schneller, wenn die Insassen in den Norden nach Hampstead wollten. Aussteigen? Besser nicht.

Oliver Twist, Freud und Frankenstein

Der Putz der Häuser ist renovierungsbedürftig grau. Kleine, billige Läden dominieren das Bild ebenso wie ärmlich gekleidete Kinder auf den Straßen. Eine Szenerie wie aus »Oliver Twist«. Tatsächlich spielen viele Sequenzen des berühmten Romans in Camden Town. Besucher können sich auf die Spuren von Oliver Twist begeben, aber hier werden auch Erinnerungen an David Copperfield wach, denn Charles Dickens verbrachte in Camden Town eine prägende Phase seiner Jugend. Sein Vater saß im Gefängnis und Charles schuftete mit zwölf Jahren in den Fabrikhallen für den Familienunterhalt. Da wundert es kaum, dass Englands großer Erzähler sozialkritische Themen in seinen Büchern verarbeitet hat. Sie handeln von Kinderarbeit, Dieben, Waisen und Armut, ganz so, wie es der Autor selbst erlebt hat, in einer Kindheit, wie sie in den 1820er-Jahren in Camden typisch war.

Die von Arbeitern geprägte Gegend zwischen Regent's Canal und Camley Street Natural Park zog den kommunistischen Revolutionär Friedrich Engels ebenso an wie den Philosophen Sigmund Freud. George Bernard Shaw, Virginia Woolf und George Orwell wirkten in Camden.

Dr. AirWair Martens
WITH Bouncing SOLES
UNIT TO LET
020 7267 4461
Dr. AirWair Martens
228 SMOKING ACC. • BAGS & LUGG...
Caps, Hats, Shoes
Jeans Leather Bureau-de-Change
SHOPRITE MAR
MONEY EXCHANGE
BUREAU DE CHANGE
230 - Leather Garments • Shoes • Souvenirs & Access...
CHEAP SOUVE
...RIDGE MAGNETS FROM
VANS
PUMA
CAT
CONVERSE
adidas

Vieles in Camden Town versprüht den Flair der Hippie-Zeit, wie hier bunte Boote auf dem Regent's Canal (oben). Manche Gegenden erinnern aber auch an Amsterdam, vor allem, wenn dort Radfahrer den Weg am Kanal entlangradeln (unten), vorbei an großen Brücken, die sich über das Wasser spannen (Mitte und rechts unten).

Auch Mary Shelley, die Erfinderin der Frankenstein-Figur, hinterließ ihre Spuren in Camden – vielleicht sogar bis heute. Nirgendwo sonst in London halten sich so viele Gothic-Anhänger auf wie rund um Camden Market. Mit ihren schwarzen, langen Haaren, blass geschminkten Gesichtern, Netzstrümpfen und Sicherheitsnadeln gehören sie zum Stadtbild wie die renovierten Speicherbauten aus Backstein am Kanal. In dieses Schema von schwarzen Turmfrisuren, abgerissenen Kleidern und Tätowierungen passte auch Soul-Legende Amy Winehouse – Camden Market war lange ihr Lieblingsviertel, bevor sie 2011 starb. Kaum eine passte so gut wie sie in dieses Viertel: Lange, schwarze Haare, toupierte Frisur und diese leicht melancholische Ausstrahlung zwischen punkig und verrucht. Hier stellten Fotografen der Soul-Diva nach, als sie über die Straßen torkelte und Camden stand plötzlich im Medieninteresse als Viertel der Drogen. Nach Winehouses Tod brannten Dutzende von Kerzen vor ihrem Haus.

Skurriles auf dem Camden Market

Wer von Amys ehemaligen Wohnhaus am Camden Square gen Camden Market wandert, passiert den kleinen Park mit den alten Bäumen, kommt vorbei an kleinen Vorstadthäusern hinter Backsteinmauern und blühenden englischen Vorgärten mit Stockrosen und Apfelbäumen. Direkt am Platz erinnert das London Irish Centre an die irischen Arbeiter von einst. Das Zentrum organisiert heute Kulturveranstaltungen, Konzerte, Comedy und Lesungen und leistet mit Rentnerbetreuung und Schuldnerberatung wichtige Sozialarbeit.

Auf der Camden Road verwandelt sich die gepflegte Vorstadtstimmung langsam in quirliges Stadtleben. Pubs und Bars säumen die Hauptstraße – vor allem aber wird das Publikum immer bunter. Je näher Camden Market rückt, umso knalliger die Mode. Schmale, aber lange Läden liegen am Straßenrand, führen in riesige Keller voller psychedelischer Kleidung. Das Konterfei von Che Guevara prangt hier von den T-Shirts oder Bob Marleys Rastafrisur. Vielfarbige Flaggen flattern im Wind – die Straße gleicht einem riesigen Markt. Selbst die Fassaden der Häuser leuchten in Regenbogenfarben, bunter als manches Hippiehemd. In den alten Industriehallen des Camden Lock Market haben sich Geschäfte mit Skurrilitäten aus aller Welt angesammelt: falsche Haarteile, Tassen mit Motiven der Hochzeit von Prinz William ebenso wie Antiquitäten, uralte Schilder, Töpferwaren aus Spanien, Wasserpfeifen oder Baseballcaps. Herzförmige Sonnenbrillen, pinkfarbene Lederjacken, Wackeldackel oder Zimtsohlen – hier findet jeder ein Schnäppchen.
Auf dem Markt sind die Preise niedriger sind als im Rest der Stadt und es darf auch gern gehandelt werden. Immerhin gilt er als größter des Landes. Begonnen hat alles in den 1970er-Jahren, als die Hauptstraßen und Eisenbahnverbindungen dem Regent's Kanal seinen Rang als beliebtester Verkehrsweg und Handelsroute abgelaufen hatten. Industriegebäude standen leer und drohten zu Schandflecken zu werden. Die alten Gebäude wurden umgewandelt und als Ateliers und Verkaufsstätten für Kunsthandwerker genutzt. Camden Market, einst eine Mischung aus Flohmarkt und Galerie, war geboren. Und als einer der

wenigen Märkte ist er sogar sonntags geöffnet, was ihm bald eine Flut von Besuchern verschaffte. Heute besteht er aus sechs zusammenhängenden Arealen. Immer aber endet der Spaziergang durch den Markt am Regent's Kanal. An der Schleuse sorgen Hausboote und funkelnd beleuchtete Biergärten für romantische Stimmung. Nur wenige Meter weiter kann man eine Zweigstelle des Jüdischen Museums besuchen. Mit Artefakten, Fotos, Dokumenten und Gemälden widmet sich das Haus vor allem religiösen Aspekten.

Zur British Library und dem Bahnhof von St Pancras

Zwei U-Bahn-Stationen südlich von Camden Town liegt in der Euston Road seit 1998 ein wahrer Tempel für alle Bücherfreunde: die British Library. Mit ihren 25 Millionen Folianten ist sie die zweitgrößte Bibliothek der Welt. Manche der Werke sind älter als 3000 Jahre. Der rote Neubau aus dem Jahr 1998 stammt von dem britischen Architekten Sir Colin St John Wilson. Er ist zugleich mit seiner Fläche von 111 500 Quadratmetern größtes öffentliches Gebäude Großbritanniens. Allein im Lesesaal können sich 1200 Menschen unter der riesigen Glaskuppel aufhalten.
Um die Ecke liegt ein weiteres interessantes Gebäudeensemble. Mit seiner neugotischen Architektur aus dem endenden 19. Jahrhundert gilt der Bahnhof von St Pancras als einer der schönsten des Landes. Mit dem Uhrturm und seiner Backsteinfassade ist er eine perfekte Kulisse für den legendären Bahnhof mit dem Gleis 9 ¾ in den Harry Potter-Filmen. So bleibt Camben bis heute wichtige Inspirationsquelle für englische Literaten.

THE ROUNDHOUSE

Im Roundhouse nördlich von Euston und Primrose Hill gaben Pink Floyd 1966 ihr erstes Konzert, Jimi Hendrix, Deep Purple und Cat Stevens standen hier ebenso auf der Bühne wie Yoko Ono mit ihren Kunstinstallationen. Auf der Grundlage der Forderung, dass Kunst für alle da zu sein habe, wurde hier Anfang der 1960er-Jahre ein kulturelles Zentrum ins Leben gerufen, dessen Bühne große Weltstars hervorbringen sollte. Mitte der 1970er-Jahre galt das Roundhouse als die Szene-Location Londons. The Police, The Who, Blondie oder auch Elvis Costello traten hier auf. Änderungen des Konzepts führten allerdings bald schon zu weniger Zuschauern und aufgrund fortschreitender Finanznot schloss das Roundhouse Mitte der 1980er-Jahre. Zwanzig Jahre später entschloss man sich, das kulturelle Erbe wiederzubeleben. Das sanierte Roundhouse eröffnete 2006 und ist heute aus dem Londoner Konzertleben nicht mehr wegzudenken.

WEITERE INFORMATIONEN

The Roadhouse, Chalk Farm Road, Tel. 0844-4828008, Programm täglich um 19 Uhr, U-Bahn: Chalk Farm, www.roundhouse.org.uk

London hat nicht nur in seinem Kern viel zu bieten, auch die Außenbezirke lohnen einen Besuch, allen voran Windsor und Eton (oben, Mitte) aber auch der Millenium Dome in Greenwich (rechts). Früh ins Bett gehen ist dabei in der Stadt nicht angesagt, immerhin ist Londons Nachtleben weltberühmt, aber auch Brightons Discos können sich sehen lassen (unten).

AUSFLÜGE

Stratford zeigt sein futuristisches Gesicht: Entlang Graffitis wandern Besucher an der Fußgängerbrücke zum Westfield Shopping Centre (oben). Auch die Bushaltestellen gleichen moderner Kunst, hier Stratford Bus Station (unten). Den Eingang zum Stratford Centre zieren güldene Skulpturen (rechts unten), und der ArcelorMittal Orbit (rechts oben) überragt alles.

41 Olympiagelände Stratford – Sportlicher Musterstadtteil

Was bleibt nach den Spielen?

Das Olympiagelände in Stratford steht wie kaum ein anderes Viertel für das neue London. Energiesparend, barrierefrei, umweltfreundlich und repräsentativ lauteten die Vorgaben an die Planern des Musterstadtteils. Nach den olympischen Sommerspielen und den Paralympics von 2012 soll es sich zu einem lebendigen neuen Viertel entwickeln.

In den 1970er-Jahren rauchten in Stratford noch die Schlote von Textilfabriken, Raffinerien und Chemiefabriken. Jahrzehnte später wuchs eine Müllkippe aus dem Boden und der Stadtteil bekam den unschönen Spitznamen »Stinky Stratford«. In genau dieser verruchten Gegend explodieren derzeit die Immobilienpreise. Doch die verseuchten Böden wurden großflächig saniert und Fundamente für Vorzeigearchitektur gelegt. Dass in der einstigen Industriebrache einmal die Queen vom Himmel fallen würde, hat sich niemand träumen lassen. Zwar landete zur Eröffnung der Olympischen Spiele nur ein Double der Monarchin im Urgroßmutteralter mit dem Fallschirm auf dem Gelände, doch von nun an gingen Bilder von Stratford um die Welt.

Wandel im Olympischen Dorf

Stararchitektin Zaha Hadid entwarf die Wasserwelt des Aquatics Centre, das von außen an einen springenden Delfin erinnert. Das olympische Schwimmbad mit gigantischen Ausmaßen und zwei 50 Meter langen Pools nutzen nun die Londoner, Bewohner des Viertels, Schüler und Feierabendschwimmer. Nebenan glänzt ein weiterer Gebäudegigant: das Olympiastadion mit heute Platz für 60 000 Zuschauer. Wo die Athleten vor vielen Zuschauern um Goldmedaillen kämpften, wurde nach den Spielen das Stadion verkleinert, um vernünftig in die Nachnutzung zu gehen. Wichtig war den Planern von Anfang an eine intelligente Nachnutzung des Geländes. So ist das Olympische Dorf schnell in Wohnungen verwandelt worden und schon wenige Monate nach den Wettkämpfen konnten die ersten Bewohner einziehen. Velodrom und BMX-Bahn wurden umgebaut, so dass sich dort jetzt Kinder und Jugendliche abrackern können. Auch ökologisch sollte Stratford Zeichen setzen: eigenes Abwasser-Recycling-System, Materialrecycling in Form von alten Wasserleitungsrohren als Stützen für das Stadion und 2000 angepflanzte Jungbäume tragen dazu bei.
Damit im Stadtteil keine Sportbrachen zurückbleiben, haben sich die Olympia-

planer von Anfang an überlegt, zwei Hallen nur für eine temporäre Nutzung zu errichten: Die Basketballhalle und die Hockeyarena sind längst wieder abgebaut und die Kanu- und Wildwasserstrecke wurde zur Freizeitanlage umgerüstet. Doch nicht nur Sportstätten sind im Zuge der Spiele entstanden. Auch das größte Einkaufszentrum Europas breitet sich in direkter Nachbarschaft zum zweitärmsten Viertel Londons aus. 300 Geschäfte, 70 Restaurants und 14 Kinosäle locken Menschen aus ganz London zum Shopping und Vergnügen nach Stratford. Während der Olympischen Spiele war das Einkaufszentrum das Tor zum Veranstaltungsgelände, nach den Spielen schlägt hier das Herz des Stadtteils. Jugendliche treffen sich, Fremde kommen für One-Stopp-Einkäufe. Allerdings macht die neue Mall im East End den vielen kleinen alteingesessenen kleinen Geschäften Konkurrenz. Arabische Obsthändler, portugiesische Kaffeeshops und asiatische Modeboutiquen müssen um ihre Existenz fürchten, weil die neue Mall einstige Kunden wie ein Magnet wegzieht.

Grüne Spiele

Ein Plus für den einstigen Industriestadtteil sind seine zur Olympiade v neu angelegten Grünflächen. So ist der kleine Fluss Lea, der sich so idyllisch am Olympiagelände entlangschlängelt, ein Werk von Menschenhand. Das Wasser des Themse-Nebenarms wurde extra gereinigt, das Ufer mit Hügeln und Parks verschönert. Der neue 250 Hektar große Queen-Elizabeth-Park schafft die erste grüne Verbindung zwischen Stratford und Hackney. Für die »grünsten Spiele aller Zeiten« wurden künstliche Wasserläufe geschaffen und Marschland angelegt.

ARCELORMITTAL ORBIT

Er das höchste und größte Kunstwerk Großbritanniens und irgendwie scheint es, als solle er dem Eiffelturm Konkurrenz machen: Der Stahlturm Orbit sieht aus wie eine mit rotem Kräuselband umwickelte Riesenschraube. Er misst 115 Meter an Höhe und ist damit das größte Kunstwerk im öffentlichen Raum Englands. Und wie es avantgardistische Wahrzeichen so an sich zu haben, wird er kontrovers diskutiert. Die einen lieben ihn, die anderen hassen das neue Kunstmonster. Immerhin ein Schicksal, das einst auch dem Eiffelturm widerfuhr. Er sollte sogar abgerissen werden. Heute lieben ihn die Pariser und so werden sich die Londoner werden also wohl oder übel an ihren rubinroten Giganten gewöhnen müssen. Touristen genießen von Juli 2013 an wieder die weite Sicht von den beiden Aussichtsplattformen. Von hier reicht der Blick fast über die gesamte Stadt. Und ein wenig Horizonterweiterung hat bekanntlich noch nie geschadet.

WEITERE INFORMATIONEN

London Legacy Development Corporation, Level 10, 1 Stratford Place, Montfichet Road, Tel. 020-32881800; *Visit London*, 2 More London Riverside, Tel. 020-72345800, Mo–Fr 8.30–18 Uhr, Sa + So 10–16 Uhr, www.visitlondon.com

42 Docklands – vom Schmugglerdock zum Wolkenkratzerviertel

Londons erste Luftseilbahn trägt die Londoner von Greenwich zu den Docklands (oben), sie bleibt nicht die einzige technische Neuerung: Die fahrerlosen Bahnen sausen durch das ehemalige Hafengebiet (rechts). Beide Verkehrsmittel garantieren wunderbare Blicke auf die Stadt, am besten zu Beginn der Dunkelheit, wenn die Lichter glitzern (rechte Seite unten).

Hafenatmosphäre mit Lichterspiel

Londons Docklands erinnern an den einstigen Reichtum der Stadt, denn hier befand sich der größte Hafen Europas. Vor allem in viktorianischer Zeit wurden hier Zucker, Wolle, Holz oder Gewürze verladen und in alle Welt verschifft. Speicher und Piers zeugen noch von dieser Blütezeit. Heute glänzt das Viertel mit exklusiven Wohnungen und Büros mit weitem Blick über die Skyline.

London in den 1930ern: Männer mit Ballonmützen tragen riesige Bananenstauden über die Docks. In einer Speicherhalle steht die Tür offen, innen türmen sich Holzfässer voller Rum bis an die Decke. Alte Fotografien zeigen Impressionen wie diese. Auch Aufnahmen im Museum of London präsentieren den Hafen in seiner Blüte. Für Erstaunen sorgt dort vor allem ein Foto: Drei Elefanten am Kai recken ihre Rüssel in die Höhe, ein vierter hängt in den Seilen und wird per Kran an Land gelassen. An den West und East India Docks wurde so ziemlich alles verladen. Hier herrschte eine eigene Subkultur aus Zollbeamten, Schmugglern, Sklaven, Sicherheitskräften und Seeleuten. Tagelöhner trafen sich täglich in Pubs und wetteiferten bald in einem eigenen Slang um Anheuerungen. Walfischfänger landeten hier ebenso an wie Seidenhändler aus Asien oder Schiffe mit Gewürzen und Tee aus Indien.

Fahrerlose Bahn und ausgepumpte Hafenbecken

Der Hafen florierte bis zur ersten großen Weltwirtschaftskrise in den 1920er-Jahren. Eine weitere Katastrophe versetzte den gewaltigen Anlagen schließlich den Todesstoß: Die Bombardierungen des Zweiten Weltkriegs. Dock, Speicher und Hafenbecken rotteten seither vor sich hin, auf mehr als 20 Quadratkilometern Fläche, ganz citynah. Unter der Ägide von Margaret Thatcher entschloss sich London zu einem großen Sanierungsprojekt. Um dem einst stolzen Verkehrsknotenpunkt wieder Leben einzuhauchen, verabschiedeten die Stadtväter in den 1980er-Jahren enorme steuerliche Vergünstigungen und bauten den Docklands Light Railway, eine fahrerlose Bahn, die das weitläufige Areal erschloss und mit dem öffentlichen Nahverkehrssystem verband. Heute gliedern sich die gesamten Docklands in vier Teile: Wapping, ganz in der Nähe des Towers gelegen, die Isle of Dogs gegenüber von Greenwich, die Royal Docks und Surrey Docks.

Technikverliebte Stadt der Zukunft

Wenn der rot-blaue Zug über Brücken rattert, vervollständigt er das futuristische Szenario des neuen Viertels. Hochhäuser bilden eine Skyline, die ein wenig an US-Städte erinnert, allen voran Canary Wharf mit seinen drei Wolkenkratzern, die bis heute als Motor der Wandlung gelten. In den Bürokomplexen der 50 Stockwerke zählenden Gebäude siedelte sich die Finanz- und Bankenbranche an. Die Isle of Dogs gilt als Herzstück der Docklands. Hier strahlen Fassaden in Lila und Rot um die Wette. Gebäude im Art-déco-Stil erheben sich neben kastenförmigen Wolkenkratzern. Banker eilen mit Aktentaschen unter dem Arm ins Büro, während Touristen am liebsten ganz vorn in der Bahn sitzen, um sich zu fühlen, als seien sie selbst der Lokführer. Hier präsentiert sich das London von morgen – modern, technikverliebt und ganz nah am Wasser. Schon die vom Stararchitekten Norman Foster entworfene U-Bahn-Station, die in einem ausgepumpten Hafenbecken errichtet wurde, entführt in andere Welten. Glasdächer überspannen die Eingänge fast wie Kathedralendächer, die gigantischen Lichtkuppeln bringen Tageslicht bis in die unteren Ebenen.

Mit Beginn der Abenddämmerung spiegeln sich die Lichter im Wasser der Themse, deren Bogen die Docklands wie ein U umschließt. Das Wasser ist der große Pluspunkt der Docklands. An St Katharine's Dock etwa entstanden Wohnhäuser mit Yachthafenidylle vor der Haustür. In Restaurants wie dem »Dickens Inn« sitzen die Besucher auf den Balkonen, Schiffslampen hängen von der Decke und unten fließt die Themse. Londons Städtebauer haben bewiesen, welche Potenziale in alten Brachen schlummern können.

CONTAINER CITY

Sie sehen aus wie überdimensionale Lego-Bauten. Das sind doch nicht etwa Schiffscontainer? Doch, sind es! Mit Bullaugenfenstern und kleinen Balkonen ausgestattet. Was man aus den Stahlkisten alles machen kann, beweist London ganz kreativ. Das Londoner Architekturteam »Urban Space Management« hat die Container zu Beginn des Jahrtausends zu mehreren Stockwerken gestapelt und günstigen Wohnraum geschaffen. Die bunten Kästen zogen ein kreatives Völkchen aus jungen Architekten, Designern, Künstlern und Querdenkern magisch an. Auf den Flachdächern grünt Rasen und innen haben die Kreativen die einstigen Riesenkisten in schicke Wohnungen verwandelt und geben damit dem Hafen ein ganz eigenes junges Flair. Das Konzept ist inzwischen auch auf andere Stadtgebiete ausgeweitet worden und gilt als nachhaltig und wegweisend, weil ausgediente Container recycelt werden. Ebenfalls an der Trinity Buoy Wharf steht übrigens auch Londons einziger Leuchtturm.

WEITERE INFORMATIONEN

Trinity Buoy Wharf, 64 Orchard Place, Tel. 020-75157153, www.trinitybuoywharf.com

Die Statue von König Wilhelm IV. begrüßt die Besucher des Old Royal Naval College in Greenwich (oben). Der König war der Seefahrt sehr verbunden wie auch der Stadtteil Greenwich von der maritimen Vergangenheit des Landes erzählt, hier der King William Walk (rechts) mit Panorama auf ein altes Segelschiff.

43 Greenwich – vornehmes Flair an den Themseterrassen

Einstiger Glanz der Tudors und Taktgeber unserer Zeit

Am Südufer der Themse erstreckt sich ein grünes und nobles Viertel. Hier verläuft nicht nur der Nullmeridian, und Heinrich VIII. und Elizabeth I. erblickten im einstigen Palast der Tudors das Licht der Welt. Trotz des Rummels hat sich der Stadtteil seine Kleinstadtatmosphäre bewahrt. Mit seinen prunkvollen strahlend weißen Fassaden wirkt er vornehm und gediegen.

Irgendwie sieht er unvollendet aus. Der King-Charles-Block erstreckt sich wie ein übrig gebliebener Seitenflügel eines Schlosses am Ufer der Themse in Greenwich. Gleich nebenan steht sein Gebäudezwilling – zwei Palastflügel ohne Hauptgebäude. Dass sie dennoch gemeinsam mit den überkuppelten Zwillingstürmen eine Einheit bilden, ist eine Meisterleistung der Architektur. Kein Geringerer als der Erbauer der St Paul's Cathedral Christopher Wren hinterließ in Greenwich mit den Gebäuden des Royal Naval College seine Spuren. Der Baumeister integrierte einen unvollendeten Seitenflügel in die Anlage, die heute als Paradebeispiel für barocke Baukunst gilt.

Zwillingsbauten wie aus dem Bilderbuch

Herrschaftlich spiegeln sie sich im Wasser der Themse zwei auf Kolonnaden thronende Kuppeltürme, ein jeder wie ein Spiegelbild des anderen. Was auf den ersten Blick wie eine optische Täuschung wirkt, ist englische Baukunst in Perfektion. Die beiden identischen Gebäudekomplexe stehen exakt so weit voneinander entfernt, dass sie eine hervorragende Blickachse auf das dahinter liegende Queen's House freigeben. Dass hier heute eines der wichtigsten barocken Gebäudeensembles Europas steht, ist Jakob I. zu verdanken. 1619 wollte der Monarch den verfallenen Palace of Placentia um einen Neubau für seine Frau Anna von Dänemark ergänzen lassen. Der alte Palast aus den 1430er-Jahren zählte damals zu den wichtigsten Schlössern des Landes. Hier wurde Heinrich VIII. geboren und hier heiratete er Katharina von Aragon. Seine Töchter Maria I. und Elizabeth I. verbrachten hier ihre Kindheit. Doch die Königin starb und die Bauarbeiten ruhten. Erst 1635 galt das neue Queen's House als bezugsfertig. Die Freude an der neuen Residenz währte nicht lange, denn während des englischen Bürgerkriegs 1642 bis 1649 fiel die komplette Palastanlage, denn die Monarchen waren abgesetzt und die neue Republik brauchte keine Paläste

PIE
&
MASH
ROYAL
OFF
LICENCE

Moderne Backsteingebäude spiegeln sich im Wasser der Themse (oben), während Lord Nelsons Schiff als Flaschenminiatur vor dem Museum erstrahlt (Mitte). Straßencafés (unten) gehören ebenso zu Greenwich wie die kontrastreiche Aussicht zwischen Barock und Moderne (rechts unten). Einen Abstecher wert ist auch das Cutty Sark Museum (rechts oben).

mehr. Also verfiel das einst so stolze Gebäude. Charles II. ließ die Anlage abreißen und plante den Neubau einer eigenen Residenz in Greenwich. Doch nachdem die Parkanlagen und ein Seitenflügel angelegt waren, ging ihm das Geld aus und das Projekt ruhte. Das Jahr 1669 sollte den Wendepunkt für das Gelände bringen. Wilhelm II. beauftragte den Baumeister Christopher Wren, ein Erholungsheim für Seefahrer zu entwerfen und dabei den alten Gebäudeflügel zu integrieren. Das Ergebnis ist heute Unesco-Weltkulturerbe und galt als architektonisches Vorbild, zum Beispiel für den Berliner Gendarmenmarkt. Vor allem die Symmetrie des Baus sorgte für Begeisterung. Bewusst eingesetzte Blickachsen unterstreichen seine Wirkung.

Das Queen's House

Während auf der rechten Themseseite von Greenwich das Leben eher beschaulich wie in einer Residenzstadt dahinfließt, glitzern auf der anderen Seite des breiten Flusses die Glasfassaden der Wolkenkratzer. Drüben an den Docklands sitzen Banker vor ihren Aktienkursen und Versicherer über Policen, während in Greenwich Studenten auf dem Rasen des Royal Naval College picknicken. Der frisch geschnittene Rasen duftet und aus einem der Fenster dringt Geigenmusik, denn das alte Seefahrerheim beherbergt heute Universität und Musikhochschule. Mittendrin und mit vornehmen Abstand zum Fluss erstrahlt die klassizistische Fassade des Königinnenschlosses in reinem Weiß, das Grün des englischen Rasens bildet einen effektvollen Kontrast zum Gebäude. Mit seiner konsequent klassizistischen Bauweise wurde das Königinnenhaus für die nächsten zwei Jahrhunderte zum Vorbild für die klassizistische Bauweise in England. Zwei geschwungene Freitreppen führen vom Garten zu einer vorgelagerten Terrasse. Wer dort steht und den Blick schweifen lässt, blickt heute direkt auf die Docklands – ein Bild voller Gegensätze.
Der Westflügel des Queen's House beherbergt im National Maritime Museum eine der wichtigsten Marinesammlungen Europas. Architekturinteressierte verlassen den Bau nicht, ohne die Tulpentreppe zu bewundern, die sich wie eine Schnecke in den Himmel zu winden scheint. Und auch die Besichtigung der südwestlichen Gebäude des Royal Naval College lohnt. Mit den Deckengemälden der Dinning Hall offenbart der barocke Bau seine ganze Großartigkeit. James Thornhill arbeitete 20 Jahre lang an den Fresken. Die Mühe sieht man seinen fein gearbeiteten Allegorien an. Wer hier einmal an den langen Tafeln bei Kerzenlicht dinieren durfte, dem bleibt der Zauber der warmen Farben einfach unvergessen.

Zu Fuß über den Nullmeridian

Während unweit des Geländes mit dem Segelschiff Cutty Sark, der letzte Teeklipper der Welt, auf der Themse schaukelt, steht in Greenwich an erster Stelle vor allem Messgenauigkeit. Denn im dortigen Royal Observatory teilt sich die Welt in die östliche und die westliche Hemisphäre. Im Meridian Courtyard können Gäste auf dem Nullmeridian wandeln. Was heute so unspektakulär in das Pflaster des Observatoriums eingelassen ist, legte 1884 den Grundstein für ein internationales Koordinatensystem. Zudem

war nun erstmals eine Zeitmessung festgelegt. Insgesamt glänzt das Gebäude, dessen Baubeginn auf das Jahr 1675 datiert, mit vielen Exponaten zum Thema Astronomie und Zeit. Immer wieder wurden neue Teile angebaut, bis schließlich 1990 die Entscheidung fiel, Greenwich als Museum zu belassen und die Wissenschaft nach Cambridge zu verlagern. Doch eines blieb wie früher: Die rote Kugel auf dem Dach des Observatoriums steigt jeden Tag um 12.55 Uhr auf, um dann Punkt 13 Uhr die Greenwich-Time einzuläuten. Genauer als hier kann man seine Uhr kaum stellen.

Millenium Dome

Das backsteinrote Observatorium ist in eine Hügellandschaft eingebettet. Mit seinen weißen Verzierungen wirkt es kleinstädtisch-idyllisch. Doch eigentlich sollte in Greenwich auch Großstadtwind wehen. Seit der Jahrtausendwende ist dies auch der Fall. eröffnete mit dem Millennium Dome der größte Kuppelbau der Welt. Zunächst fungierte er als Gelände für eine große Ausstellung zu den Techniken, Lebenswelten und gesellschaftlichen Herausforderungen des neuen Jahrtausends. Mit dem Wechsel ins neue Jahrtausend schloss die Ausstellung und das 52 Meter hohe Bauwerk wurde zur Arena umgebaut. Hier fanden 2012 die Trampolinwettkämpfe der Olympischen Spiele 2012 statt. Heute ziehen Konzerte von Rihanna, Britney Spears und Bon Jovi ein zahlreiches Publikum an. Die Halle mit ihren 365 Metern Durchmesser, zwölf hohen Masten und dem wie eine Plane gespannten Dach setzt moderne Akzente im alten Greenwich.

FUSSGÄNGERTUNNEL

Bootsfahrten auf der Themse kennt man ja, aber unter dem Fluss hindurchwandern? Das können Besucher durch den Themsetunnel. Das Bauwerk aus dem Jahr 1902 verbindet die Docklands mit dem grünen Stadtteil am anderen Ufer. Direkt neben dem Museumsschiff Cutty Sark liegt ein rundes Backsteingebäude mit gläserner Kuppel, der Eingang des Greenwich-Fußgängertunnels. Rund 100 Stufen führen in einer Wendeltreppe hinunter in den gekachelten Gang. Geschaffen wurde er als für die Arbeiter von der Isle of Dogs als Verbindung zu ihren Wohnungen in Greenwich. Zwar verkehrte eine Fähre, die aber war oft unpünktlich oder fiel ganz aus. Also wurde der 371 Meter lange Gang gebaut. Heute hat er auch Fahrstühle, allerdings fahren sie nur zu den gängigen Öffnungszeiten der Geschäfte von 7 bis 19 Uhr, während der Tunnel rund um die Uhr zugänglich ist. Neben dem Greenwich Tunnel bietet der Woolwich Foot Tunnel in London eine Möglichkeit, die Themse zu unterqueren.

WEITERE INFORMATIONEN

Touristeninformation Greenwich: Pepys House, 2 Cutty Sark Gardens, Greenwich, SE10 9LW, Tel: 0870-6082000, täglich 10–17 Uhr, www.greenwich.gov.uk

Das Palmenhaus in Kew Gardens ist ein Publikumsmagnet. Wer es die enge Wendeltreppe aus Metall hinauf geschafft hat, wird mit einem Blick auf die üppigen Pflanzen belohnt (oben). Im feucht-warmen Klima wachsen botanische Kleinode wie die Helikonie (unten).

44 Kew Gardens – Pflanzenpracht im Park

Viktorianische Gartenkunst in Londons Südwesten

Die Royal Botanical Gardens in Kew Gardens, kurz Kew, zählen mit ihren ausgedehnten Parkanlagen und den weltbekannten viktorianischen Gewächshäusern zu den ältesten Botanischen Gärten der Welt. Rund eine Million Besucher kommt jedes Jahr in den Südwesten Londons, um die Pflanzenpracht zu bewundern.

An dem weiß gestrichenen Metall hat der Zahn der Zeit erkennbar genagt. Doch gerade das macht seinen Charme aus: Das zwischen 1841 und 1849 errichtete mit vielen Ornamenten verzierte viktorianische Palmenhaus ist ein Publikumsmagnet in Kew Gardens. Die Konstruktion aus Eisen und 16000 Glasscheiben gilt als Meisterwerk der viktorianischen Baukunst. In seinem feuchtwarmen Klima gedeihen Palmen und viele andere tropische Gewächse. Im Untergeschoss befinden sich Aquarien mit exotischen Fischen. Hinter dem Gewächshaus erstreckt sich auf insgesamt 121 Hektar Fläche der Botanische Garten. Der berühmte Landschaftsgärtner Capability Brown verwirklichte hier seine Vorstellungen von einem englischen Landschaftsgarten und das Ergebnis ist ganz anders als die streng formalen Parks etwa in Versailles. Kew Gardens gehört heute zum Unesco-Weltkulturerbe.

Entdeckungstour im Mini-Zug

Ein kleiner Zug, der Kew Explorer, bringt die Besucher zu den Highlights des Gartens. In einer Dreiviertelstunde geht es vom Eingang Victoria Gate zum ersten Halt, dem Tropenhaus. Nächster Stopp ist das Evolution House, das die Entwicklung der Pflanzen zeigt. Von hier aus gelangt man auch zum Rhizotron and Xstrata Treetop Walkway. Der Rundweg hoch in den Kronen der Bäume ist die neueste Attraktion im Garten. Der dritte Stopp ist Lion Gate mit der zehngeschossigen Pagode von William Chambers. Der vierte Halt am Seerosenteich liegt im baumreichen Osten des Parks. Weiter geht es zu Vistas mit dem Rhododendron Tal, in dem beeindruckende riesengroße Rhododendren wachsen. Leider stören hier oft Flugzeuge die Idylle, die über Kew Gardens im Landeanflug Richtung Heathrow im Minutentakt hinwegdüsen. Der vorletzte Stopp ist Brentford Gate, wo Familien auf dem Rasen sitzen und Kinder herumflitzen, denn hier ist ein schöner Kinderspielplatz angelegt. Die Rundtour endet am Haupteingang und der Orangerie.
www.kew.org/visit-kew-gardens/visit-information/garden-guides/kew-explorer

45 Richmond – Kulturelle Blüte im Grünen

Glücklich leben an der Themse

Als ein Naturparadies direkt vor den Toren der City bietet Richmond grüne Superlative. Sein Park zählt zu den größten in Europa, zudem liegen die Kew Gardens ganz in der Nähe. Hier finden sich tatsächlich noch Wiese und unverbaute Themsegrundstücke. Mit seinen Villen und Kultureinrichtungen gehört Richmond zu den wohlhabendsten Teilen Londons.

Ein stolzer Königspalast zierte einst diese vornehme Vorstadt. Und 1500 war sie noch unter dem Namen Sheen bekannt. Erst Heinrich VII. nannte den Bezirk in Erinnerung an die Kleinstadt in Yorkshire in Richmond um. Reste des alten Namens sind bis heute geblieben, etwa beim Bahnhof East Sheen, genau wie die Kleinstadtatmosphäre. Als Stadt im Grünen gehört Richmond nicht nur zu den teuersten Wohngebieten an der Themse, sondern auch zu den Vierteln mit den glücklichsten Bewohnern Großbritanniens. Immerhin ein Drittel der Fläche sind Gärten, Parks und Wiesen. Ausgestattet mit deutscher Schule, einem Polo- sowie Cricketklub, einer königlicher Ballettschule und eigener Universität, hat sich hier auch ein reiches kulturelles Leben etabliert. Zu dessen Höhepunkten gehört neben dem Literaturhaus Strawberry Hill sicher das Richmond Theatre. Der viktorianische Backsteinbau gehört zu den besten Bühnen Londons und ist vor allem mit seiner Pantomimenshow zu Weihnachten bekannt geworden.

Heckenirrgarten und Tudor-Schloss

Zu den bekanntesten Sehenswürdigkeiten des Stadtteils gehört der Richmond Park. Daran, dass er einst Jagdrevier von Edward I. war, erinnert nicht nur die Steinmauer, die das zehn Hektar große Grün umschließt, sondern auch das Rotwild. Neben formalistischen Gärten wie der Isabella Plantation gilt der Park mit seinen wilden Ecken als wichtiges Biotop. Doch nicht nur öffentliches Grün, auch Gärtnereien können den Besuch lohnen: In Petersham Nursery sitzen Gäste in dem kleinen viktorianischen Café in einer Kulisse wie aus einem Rosamunde-Pilcher-Film. Gärten wie aus dem Bilderbuch bietet auch der Palast Ham House, während das Tudor-Schloss Hampton Court Palace mit einem berühmten Heckenirrgarten glänzt. Wenngleich sie nicht bei den offiziellen Sehenswürdigkeiten des Stadtteils verzeichnet sind, gehören doch die Themse-Terrassen zu den wichtigsten Treffpunkten für Besucher. Dort blicken sie auf den Fluss, der hier in einem malerischen Bogen fließt.
www.visitrichmond.co.uk

Richmond gehört mit seinem Grün zu den schönsten Flecken rund um London. Vielleicht liegt es an dieser Mischung aus Wohlstand, Wasser und Grün, dass hier die glücklichsten Menschen des Landes wohnen? Auf jeden Fall ist die Zufriedenheit der Menschen hier sehr hoch (rechts).

Ein besonderer Platz sind die Themseterrasen in Richmond – hier kommt Kleinstadtstimmung auf.

Englischer Humor zeigt sich hier auf einer bemalten Telefonzelle vor dem königlichen Schloss: Herzogin Kate und die Queen telefonieren miteinander (oben). Von Eton aus zeigen sich schönste Panoramen auf Windsor Castle (rechts unten). Auch das berühmte Elite-College (rechts oben) lohnt den Besuch.

46 Windsor Castle – Englands Märchenschloss

Hochsicherheitsburg mit Puppenstube

Als William der Eroberer hier 1078 einen Hügel mit Holzburg errichtete, ahnte er nicht, dass er das Fundament für eines der berühmtesten und mächtigsten Königshäuser der Welt gelegt hatte. Seine Burg sollte als Vorposten im Westen Londons die Stadt vor Eindringlingen schützen. Heute ist der Palast nicht nur Sitz der Queen, sondern auch Namensgeber für ihre Familie.

Hoch über der Themse, umgeben von Wäldern und Wiesen, thront der Round Tower. Früher blickte man von hier über Landschaft und Fluss, um Feinde und Kutschen schon aus großer Entfernung kommen zu sehen. Wer heute den 65 Meter hohen Turm erklimmt, kann den Blick unbeschwerter genießen. In der Ferne zeichnet sich Londons Skyline mit Wolkenkratzern und Kirchtürmen ab, davor schlängelt sich die Themse wegweisend als silbernes Band in die Metropole. Wenn hier oben auf dem trutzigsten der Windsor-Schlosstürme der Union Jack weht, bedeutet dies: Die Queen ist zu Hause und Besuche der Staatsgemächer sind nicht möglich. Windsor Castle gehört zu den wichtigsten Adressen des englischen Königshauses und auch sein Name ist eng mit der britischen Königsfamilie verbunden. Seit dem ersten Weltkrieg änderte diese ihren deutschen Nachnamen Sachsen-Coburg-Gotha in das englisch klingende Windsor und huldigte somit der fast 1000jährigen Tradition des Königssitzes.

Ein Bauwerk wie ein Geschichtsbuch

An kaum einem anderen Bauwerk lässt sich die Geschichte Großbritanniens so ablesen wie an Schloss Windsor. Fast jeder König hat hier architektonische Spuren hinterlassen. Über den Erweiterungsbauten des Schlosses scheint ein ungeschriebenes Gesetz zu liegen: In Friedenszeiten fügten die Könige prächtige Säle und repräsentative Räume hinzu. Befand sich das Land im Krieg, wurde die Befestigung des Schlosses verstärkt. Edward II. ließ die einstige Burg im 14. Jahrhundert in einen gotischen Palast umwandeln. An Heinrich VIII. erinnert der Haupteingang, Charles II. ließ die barocken Staatsgemächer errichten – von fast jedem König zeugen deutliche Spuren. Dass Schloss Windsor ein Hochsicherheitsgelände ist, wird dem Besucher schon am Eingangstor deutlich. Das trutzige Henry VIII. Portal mit seinen dicken grauen Steinmauern und den achteckigen zinnenbestückten Türmen stammt aus dem Jahr 1511. Von hier aus betreten Besucher den unteren Schlossbereich mit

der St George's Chapel. Sie gehört zu den schönsten Bauten der Anlage. Nicht nur das Fächergewölbe und die Steinmetzarbeiten sind beeindruckend, sondern auch die Schnitzereien am Chorgestühl. Sie stammen aus dem 15. Jahrhundert und zeigen Szenen aus dem Leben des Heiligen Georgs. In dieser Kapelle fanden allein zehn Könige ihre letzte Ruhestätte, darunter Heinrich VIII. und Karl I. Hier im Herzstück des Palastes wird der Glanz der Tudor-Zeit sichtbar.

Zu Gast bei der Queen

Die meisten Besucher kommen in den Palast, weil sie sehen wollen, wie die Queen wohnt. Barocke goldene Stühle finden sich in ihren Privatgemächern ebenso wie rot-gold-gemusterte Samtvorhänge und Tapeten sowie dunkle Ölgemälde in schweren Goldrahmen. Auch ein Blick nach unten lohnt sich, die Muster der handgeknüpften Teppiche sind schon eine Kunst für sich. Dafür müssen sie den mittleren Schlosshof gen Upper Ward durchqueren. Im Inneren locken Rüstungen, kostbare Wandteppiche und ein Umhang Napoleons. Die Kugel, die Lord Nelson in der Schlacht von Trafalgar tötete, ist hier zu sehen, ebenso wie wertvolle Kunstschätze, darunter Gemälde von Rubens, da Vinci und Rembrandt. Millionenschwere Gemälde schmücken auch die Privatgemächer. Das barocke Schlafzimmer des Königs überrascht mit seiner grün-weißen Farbgebung, zu der sogar das Gemälde von Canaletto passt. Zu den prunkvollsten Sälen gehört die 30 Meter lange Waterloo Chamber aus dem frühen 19. Jahrhundert. In dem lang gezogenen Raum mit seinen weißgoldenen Säulen finden Staatsbankette statt. Ein Exponat mit Seltenheitscharakter ist das Doll House, eine königliche Puppenstube, die 1924 für Queen Mary erschaffen wurde.

ETON

Neben Schloss Windsor ist auch das nahe Eton sehenswert. Es liegt auf der anderen Themseseite. Eton ist in nicht nur in ganz England ein Synonym für hervorragende Schulausbildung, denn seit 1440 bildet das Eton College mit Erfolg junge Menschen aus. Gegründet als wohltätige Schule für arme Kinder gilt Eton heute eine der exklusivsten Privatschulen der Welt. Mitglieder des englischen Königshauses und viele britische Premierminister haben hier die Schulbank gedrückt. Der Schulhof, das älteste Klassenzimmer mit seinen Holzbänken sowie das Museum, die Kreuzgänge und die Kapelle sind interessierten Besuchern auf rund einstündigen Führungen zugänglich. Eine Sportart wird in Eton besonders gepflegt: Für seine Ruderer hat das College den Dorney Lake angelegt, auf dem die Ruderwettkämpfe bei den Olympischen Spielen 2012 ausgetragen wurden.

WEITERE INFORMATIONEN

Windsor Informationszentrum, The Old Booking Hall, Thames Street, Windsor, Tel. 01753-743900, wochentags 9.30–17.30, Sa bis 17 Uhr, So 10–16 Uhr, www.windsor.gov.uk; *Eton College,* High Street, Tel. 01753-57117, Touren Mi, Fr, Sa, So und täglich während der Ferien um 14.00 und 15.15 Uhr

Nicht nur Romantiker machen einen Abstecher nach Hamstead Heath – London zeigt hier seine Skyline (oben). Umgeben ist der Park von berühmten Herrenhäusern, wie etwa dem Fenton House (unten) oder dem Kenwood House (rechts unten). In den Parks finden sich auch genügend Plätzchen für ein Tête-à-Tête oder ein romantisches Picknick (rechts oben).

47 Hampstead Heath – ein Mekka für Freizeit und Naturschutz

Panoramablick zwischen Heide und Weißdorn

Vom 98 Meter hohen Parliament Hill liegt einem die Stadt zu Füßen: The Gherkin, die Wolkenkratzer von Canary Wharf und die Kuppel von St Paul's Cathedral zeigen sich am Horizont. Diesen Blick ließ die Stadt sogar schützen. Er darf nicht mehr verbaut werden. Am benachbarten Hügel halten die Menschen lieber die Fäden in der Hand und lassen ihre Drachen steigen.

Eingebettet in den insgesamt 320 Hektar großen Park Hampstead Heath bietet die Gegend um Parliament Hill Freizeiterlebnisse für fast jeden Geschmack. Zu den Besonderheiten des Parks gehört auch ein natürliches Freibad. Am Fuß des Parliament Hill plätschern drei Teiche. Beim Baden herrscht strikte Geschlechtertrennung. Nur im dritten Teich dürfen Frauen und Männer gemeinsam baden. Der Westen der ehemaligen Heideflächen ist ein beliebter Treffpunkt für schwule Pärchen.

Citynahes Ökorefugium

Der als Heidefläche gewachsene Park, eine Naherholungsfläche zum Joggen und Spazierengehen, ist auch Naturschutzgebiet. Nur rund zehn Kilometer von Londons Innenstadt entfernt, tummeln sich hier neben Igeln, Füchsen und Maulwürfen auch Muntjak-Hirsche, Buntspechte, Ringelnattern und Blindschleichen. In weiten offenen Flächen, gesäumt von Heckenlandschaften und Teichen, hat sich im Hampstead Heath ein wertvolles Ökorefugium mit einer erstaunlichen Artenvielfalt gebildet. Die selten gewordene Elsbeere fühlt sich hier genauso wohl wie der Weißdorn. Gezählt wurden rund 180 Vogelarten und über 350 verschiedene Pilzsorten.

Typisch englisch

Weit über ausgedehnte Spaziergänge hinaus ist der Hampstead Heath mit Cricket, Croquet- und Rugby-Feldern sowie Tennisplätzen eine gute Adresse für typische englische Sportarten. Das Tennis-Mekka Wimbleton liegt fast in Sichtweite. Auch kulturell hat der Park einiges zu bieten. Am bekanntesten ist Kenwood-House, eine Villa inmitten des Parks. Das herrschaftliche Gebäude mit Ursprung im 17. Jahrhundert präsentiert Besuchern heute eine hochwertige Gemäldesammlung. In den im Stil des Klassizismus umgebauten Räumen sind Werke von Rembrandt, Vermeer und van Dyck zu sehen. Kunst hat auch in den parkähnlichen Garten Einzug gehalten. Hier stehen zum Beispiel Skulpturen von Henry Moore.

Auch ein Besuch abends lohnt sich: Am Gartenteich gibt es oft Konzerte mit anschließendem Feuerwerk. Mit der letzten Rakete muss der Abend noch nicht zu Ende sein. Ganz in der Nähe liegt ein berühmter Pub: Das Spaniards Inn wurde sogar in Dracula erwähnt und manche Engländer glauben fest daran, dass es dort heute noch spukt.

Spukende Geister und berühmte Sofas

Das Kenwood House ist nicht das einzige Museum des Areals. Auch das Fenton House gewährt einen Einblick in das Leben im historischen London. Inmitten eines großen und berühmten Apfelgartens gelegen, präsentiert das Fenton House Typisches aus dem 18. Jahrhundert. Zu den Höhepunkten gehört neben einer großen Porzellansammlung vor allem die Sammlung der historischen Musikinstrumente von George Henry Benton Fletcher, der sich vor allem auf frühe Tasteninstrumente spezialisiert hatte. Wer im September kommt, sollte sich übrigens die Äpfel aus dem Garten nicht entgehen lassen, die dann hier angeboten werden. Mehr als 30 Sorten Apfelbäume gedeihen im Garten – viele davon historisch und selten. Nur wenige Straßen entfernt liegt das Freud-Museum. Dort können Besucher die berühmte Couch des Psychoanalytikers bestaunen, 1938 nach London emigriert war und dort gestorben ist. Auch der Romantiker John Keats hat in Hampsteadt gewohnt, sein Erbe lässt sich im Keats' House bestaunen. Dort lohnt sich auch ein Blick in den Garten – vor allem auf den alten Maulbeerbaum, der schon den Dichter inspiriert haben soll. Im nahen Burgh House mit dem dortigen Hampstead Museum lohnt sich nicht nur ein Blick auf die Kunstsammlung, sondern vor allem eine Pause im Buttery Café, dort zeigt sich städtische Gartenkunst von ihrer besten Seite.

SHRI SWAMINARAYAN MANDIR

Im Stadtteil Neasden im Norden Londons steht ein religiöser Bau der besonderen Art: der Shri Swaminarayan Mandir ist der größte Hindu-Tempel außerhalb Indiens. Der Kuppelbau aus dem Jahr 1995 wurde ganz im Stil der Zuckerbäcker-Architektur mit Verzierungen, Stuck und Säulen verziert soweit das Auge reicht. Die Fenster sind mit ziselierten Blumenranken eingefasst. Carrara-Marmor und bulgarischer Kalkstein lassen den verspielten Bau auch im tristen Londoner Wetter strahlend weiß glänzen. Der Tempel ist auch ein Zeugnis indischer Handwerkskunst: Fast alles wurde von Hand gefertigt. Allein die 1500 Steinmetze haben mehr als 26000 Steine behauen. Innen überrascht der Tempel mit blumengeschmückten Altären, farbenfrohen Festen und leisen Meditationen. Die Dauerausstellung »Understanding Hinduism« will zudem eine Brücke zwischen westlichen und östlichen Weltanschauungen schlagen. Längst kommen nicht nur Gläubige, denn das Gebäude fungiert auch als Kulturzentrum.

WEITERE INFORMATIONEN

BAPS Shri Swaminarayan Mandir, 105–119 Brentfield Road, Tel. 020-89652651, täglich 9–18 Uhr, U-Bahn: Neasden Station, www.mandir.org

Bei Sonnenschein ist eine Themsefahrt am schönsten. Während das Schiff gemächlich auf dem Wasser tuckert, werfen die Passagiere Blicke auf Whitelhall Court (oben) oder andere Häuserensembles (unten). Dabei wirkt die Stadt manchmal so grün wie die Countryside (rechts unten). Und Schwäne gehören immer dazu (rechts oben).

48 Themsefahrt – faszinierende Flussperspektive

Mit Panorama sanft über das Wasser gleiten

Diesen Weg liebten schon Englands Könige: In Begleitung ihres Hofstaats ließen sich die Herrschaften schon vor 200 Jahren gern die Themse hinunterrudern. Der Fluss ist die Lebensader Londons und bedeutende Bauwerke wie die Houses of Parliament, St Paul's Cathedral und der Tower of London bieten auch vom Wasser aus ein wunderbares Panorama.

Heutzutage ist der Greenwich Pier einer der schönsten Startpunkte für eine Themsefahrt. Stärker als hier können Londons Kontraste kaum sein: In Greenwich leuchtet der gepflegte englische Rasen der Old Royal Naval College in intensivem Grün und gegenüber auf der anderen Themseseite ragen die Wolkenkratzer der Docklands in den Himmel. Hier in Greenwich, dem Stadtteil des Nullmeridians, sollte eine Themsefahrt durch London starten. Bevor man an Bord eines Ausflugsschiffs geht, darf man es nicht versäumen, das Old Naval College und das Royal Observatory anzuschauen.

Im gepflegten Greenwich mäandert der Fluss im großen Bogen um das ehemalige Hafengelände am gegenüberliegenden Ufer. Wo vor 100 Jahren Schiffe aus Indien entladen wurden und einer der wichtigsten Häfen der Welt florierte, hat sich heute das futuristisch anmutende Viertel Canary Wharf gebildet. Glasfassaden spiegeln das Sonnenlicht wie große, silberne Platten. Hinter den Fenstern arbeiten Banker und Verwaltungen großer Firmen, der Hafen gilt inzwischen als einer der großen Finanzdistrikte der Stadt.

Mit dem Boot in die City

Weiter geht die Fahrt entlang der ehemaligen Lagerhallen, die inzwischen längst keinen Rum und Zucker mehr beherbergen. Heute bieten hier Wohnungen wohlhabenden Londonern ein Zuhause. Und auch ein Blick zurück lohnt: In der Ferne ragt der runde Millenium Dome in den Himmel. Der Schiffsbug aber steuert dem Stadtzentrum Londons entgegen.

Die Doppeltürme der Tower-Bridge zur Linken erhebt sich rechts The Gherkin mit seinen spiralförmig gewundenen Glasmustern und seiner geschwungenen Form aus dem so rechtwinklig anmutenden Stadtbild. Rechts und links am Ufer scheinen sich die Backsteinhäuser in Bermondsey noch einmal zu ducken, bevor die Hochhausmeilen kommen. Trotz des Häusermeers, das sich bis zum Horizont und darüber hinaus erstreckt,

zeigt London sich gerade vom Wasser aus als Stadt mit Lebensqualität. Immer wieder lockern Grünflächen, künstliche Seen oder zu Yachthäfen umgebaute Hafenbecken die Bebauung auf. Kleine Bars und hübsche Cafés haben am Ufer und an den Quais Stühle auf den Asphalt gestellt und die Menschen genießen die Sonnenstrahlen.

Kulturmeile am Wasser

Schon bald kommt das Wahrzeichen der Stadt in Sicht in Sichtweite, die Tower Bridge mit ihren mächtigen Doppeltürmen. Dahinter liegt das Museumskriegsschiff HMS Belfast vor Anker, gegenüber sind der Billingsgate Market und das Custom House zu erkennen. Mitten im modernen Stadtbild erinnert schon bald die dorische Säule des Monuments an die große Feuersbrunst von 1666, die große Teile des alten Stadtzentrums verwüstete. Nun folgen die Sehenswürdigkeiten in schneller Abfolge: Das ehemalige Heizkraftwerk Tate Modern erhebt sich als großer Klotz direkt am Ufer. Die filigrane Millenium Bridge führt zu dem Kunsttempel. Daneben liegen das Globe Theatre und das königliche Schauspielhaus ganz nah am Fluss. Ihre baulichen Kontraste könnten kaum größer sein: Hier trifft rekonstruiertes mittelalterliches Fachwerk auf Betonarchitektur. Die St Paul's Cathedral und Westminster Bridge bilden den prunkvollen Abschluss der Themsefahrt. Themsefahrten werden insgesamt von verschiedenen Anbietern und verschiedenen Startpunkten angeboten, hier können die Besucher wählen, welche Tour sie am liebsten buchen möchten. Jede Tour lässt sich auch in beide Richtungen buchen. Die Touristeninformation gibt Auskunft über das riesige Angebot.

ZÄHLUNG DER JUNGSCHWÄNE

Jedes Jahr in der dritten Juliwoche ziehen uniformierte Matrosen die Themse auf- und abwärts und suchen nach Jungschwänen. Damit hält England an einer Tradition aus dem 12. Jahrhundert fest. Damals galten die großen Wasservögel als Delikatesse. Zwar kommen die Tiere heute nicht mehr auf den Teller, doch noch immer gilt jeder Schwan als königliches Eigentum. Deshalb schwärmt nach der Brutzeit der königliche Schwanbeauftragte mit vielen Helfern aus, zählt und wiegt die Tiere und steckt ihnen Blechringe zur Markierung an. Dabei finden die Helfer auch viele verletzte Tiere. Sie werden dann in einem eigens dafür eingerichteten Reservat wieder aufgepäppelt. Die Zählung der Jungschwäne findet nicht nur auf der Themse statt, sondern auch an ihren Seitenarmen und den Seen. Manchmal stattet sogar die Queen höchstpersönlich den Schwanzählern einen Besuch ab. Gäste sind bei den Zählaktionen willkommen, sollten sich aber zuvor anmelden, etwa über die Touristeninformation.

WEITERE INFORMATIONEN

Visit London, 2 More London Riverside, Tel. 020-72345800, Mo–Fr 8.30–18 Uhr, Sa + So 10–16 Uhr, www.visitlondon.com, www.thenottinghillcarnival.com

Brighton bedeutet Lebensfreude: Sprung vom Pier (oben). Beim »London to Brighton Veteran Car Run« kommt es nicht auf die Geschwindigkeit an – dabei sein ist alles (unten). Brightons Pier ist bis heute ein bunter Vergnügungspark über dem Wasser (rechts unten). Studenten im Park vor dem Royal Pavilion (rechts oben).

49 Brighton – Londons kleine Schwester

Kreatives Seebad mit verrückten Ideen und positiver Lebensart

Die vielleicht glücklichste Stadt Britanniens liegt am Ärmelkanal: Im alten Seebad Brighton fließt nur 50 Bahnminuten von London entfernt das Leben einfach entspannter. Kreativ-Modernes verschmilzt mit liebevoller Tradition, kleine Designer-Geschäfte kuscheln sich in enge Altstadtgassen. Brightons Nachtleben ist legendär – in der Stadt scheinen mehr Musiker und Künstler zu leben als anderswo im Lande.

Ganz selbstbewusst nennt sich Brighton »London by the Sea«. Obwohl das überschaubare Städtchen im Gegensatz zu seiner großen Schwester nur bescheidene 150 000 Einwohner zählt, kommen selbst die Hauptstädter wegen des berühmten Nachtlebens an den Kanal. Brighton ist seit jeher ausgesprochen kosmopolitisch – und irgendwie lockerer als London. Die Stadt wird deshalb auch in der Homosexuellen-Szene immer beliebter.

Alter Bade- und Vergnügungsort

Mit Wurzeln in einer angelsächsischen Siedlung im 5. Jahrhundert und erstmals als »Beorthelm's-tun« urkundlich erwähnt, hat sich das kleine Brighton seit der Mitte des 18. Jahrhunderts rasant entwickelt. Damals veröffentlichte der Arzt Richard Russell einen Beitrag über die gesundheitsförderliche Wirkung von Meerwasser und hob besonders Brighton lobend hervor. Schon 50 Jahre später war die Stadt ein moderner Kurort. Am breiten Kieselstrand, wo heute die Menschen die schicke alte Promenade entlang bummeln oder baden gehen, waren damals heilende Seewasser-Kuren beliebt. Obwohl das hieß, täglich Salzwasser zu trinken und energisch in die Wellen getunkt zu werden. Die Lustbarkeiten um das Kurleben lockten bald Arm wie Reich zum Ausflug nach Brighton. Manch braver Londoner hatte hier auch eine Geliebte – allen voran Kronprinz George, der später als King George IV. den Thron bestieg. Sein von John Nash Anfang des 19. Jahrhunderts zum Royal Pavilion ausgebautes Landhaus erinnert an die indischen Mogulpaläste und ist heute eine der größten Touristenattraktionen der Stadt. Beliebt sind aber noch immer auch die Vergnügungspiere. Der »Brighton Pier« von 1899 ist noch heute in vollem Betrieb, mit Spielautomaten, lauter Musik, Zuckerwatte und Fish & Chips hoch über dem Meer und einer altmodischen Berg-und-Talbahn, die juchzende Fahrgäste in ihre Loopings schleudert.

Ausgezeichnete Läden und ein schräges Oldtimerrennen

Doch auch fern des Strandes hält Brighton Vergnügungen bereit – etwa Shopping. Die winzige Schusterei der jungen Alex Herdman zählt zu »Britain's 50 Best Boutiques«, ebenso das Mode-Stübchen der Designerin Sarah Arnett. Und das familiäre vegetarische »Terre à Terre« erreicht – umgeben von rund 400 anderen Restaurants in Brighton – regelmäßig die ersten Plätze unter Britanniens besten Esslokalen. Im Lädchen mit dem unaussprechlichen Namen »Choccywoccydoodah« aktivieren fantasievolle Schokoladen-Kreationen die Glückshormone. Das Schoko-Paradies ist ein ganz passendes Symbol für das hiesige Lebensgefühl und die Torten und bunten Figuren sind so gut, dass sie sogar Kinofilme wie Harry Potter schmücken.
Jedes Jahr im Mai findet das große Kunstfest Brighton Festival statt. Auch die vielen Studenten halten mit ihren Ideen, ihrem Umweltbewusstsein und ihrer Feierfreudigkeit die kleine Stadt frisch. Und nicht zuletzt natürlich der traditionelle Funke an Skurrilität, der so typisch für Brighton ist. So ist die Stadt seit 1896 Ziel eines ganz besonderen Autorennens: Beim »London to Brighton Veteran Car Run« dürfen bis heute nur Fahrzeuge teilnehmen, die vor 1905 gebaut worden sind. So gehen jedes Jahr mehrere hundert Veteranen-Autos aus aller Welt an den Start, um die knapp 60 Meilen lange Strecke vom Londoner Hyde Park bis zum Preston Park in Brighton in gemächlichem Tempo zurückzulegen. Dabei sein ist alles: Wer bis 16.30 Uhr ankommt, erhält eine Medaille. Immer, wenn das älteste Autorennen der Welt stattfindet, säumen jubelnde Brightoner in historischen viktorianischen und edwardianischen Kostümen die Straßen ihrer Stadt.

ROYAL PAVILION

Als Prinzregent erkor George IV. das damals aufstrebende Seebad zu seiner Spielwiese und Partystadt – weit genug entfernt von den strengen Gebräuchen am Hofe. Mit Fantasie und Reiseberichten aus dem Fernen Osten im Kopf ließ der junge George seinen Landsitz in 35 Jahren zum skurrilen pseudo-indisch-chinesischen »Royal Pavilion« ausbauen: ein wilder Mix aus kunstvollen Zwiebeldächern und Spitztürmchen, im Innern chinesisch anmutende güldene Drachen und Säulen. Nachdem er im Ersten Weltkrieg zeitweilig als Lazarett gedient hatte, ist der Royal Pavilion heute originalgetreu restauriert. Besucher staunen über die üppig ausgestatteten Wohn- und Schlafgemächer. Im Musikzimmer unterhielt ein eigenes Orchester die Gäste. Es wurden rauschende Feste gefeiert und nicht selten 70 verschiedene Speisen aufgetragen.

WEITERE INFORMATIONEN

Tourist-Information Brighton: Royal Pavilion Shop, Royal Pavilion, 4/5 Pavilion Buildings, Tel. 01273-290337, www.visitbrighton.com; *Royal Pavilion:* 4/5 Pavilion Buildings, täglich 9.30–17.45 Uhr geöffnet, Tel. 030-00290900, www.brighton-hove-rpml.org.uk/RoyalPavilion/Pages/home.aspx; *London to Brighton Veteran Car Run:* www.veterancarrun.com

Oxford steht bis heute für seine berühmte Universität und eine traditionelle britische Ausbildung (oben). Oxfords Broad Street (unten). Historische Gebäude wie das Sheldonian Theatre prägen das Stadtbild (rechts unten). Das Eingangstor zum Blenheim Palace, in dem Winston Churchill geboren wurde (rechts oben).

50 Oxford – weltberühmter Studienort

Die Stadt der verträumten Spitztürme

Wer Oxford hört, denkt automatisch an die berühmte Elite-Universität vor den Toren Londons. Die alten Sandsteinbauten mit ihren vielen Türmchen machen die Stadt nordwestlich von London zu einem architektonischen Kleinod. Es lohnt sich, einen ganzen Tag zwischen den schönen Universitätsgebäuden zu verbummeln und das Flair der alten Colleges zu genießen.

Der Dichter Matthew Arnold betitelte Oxford im 13. Jahrhundert als »City of dreaming Spires«, die Stadt der verträumten Spitztürme. Bis heute sind viele der Gebäude, die noch aus der Zeit der Stadtgründung unter Heinrich II. im 12. Jahrhundert stammen, nahezu unverändert. Aufzeichnungen aus dieser Zeit belegen, dass die ältesten Universitätseinrichtungen ebenfalls so alt sind. Die Wurzeln der Stadt reichen gar bis ins 8. Jahrhundert zurück, als zur Zeit der Sachsen das Kloster Oxanforda gegründet wurde. Die 90 Kilometer nordwestlich von London gelegene Stadt bietet aber nicht nur eine der renommiertesten Bildungseinrichtungen Großbritanniens, sondern ist auch eine Industriestadt: Zu Beginn des 20. Jahrhunderts ließen sich zahlreiche Druckereien in Oxford nieder, und einen bedeutenden Aufschwung brachte die Gründung der Morris Motor Company.

Historische Kleinode

Wer durch Oxford schlendert, ist überwältigt von der Fülle hervorragend erhaltener historischer Gebäude. Aus dem frühen Mittelalter stammt das normannische Oxford Castle, das mehrfach zerstört und umgebaut wurde und heute ein Hotel beherbergt. Zu den ältesten erhaltenen Gebäuden der heutigen 150 000-Einwohner-Stadt zählt die Christ Church Cathedral aus dem 12. Jahrhundert. Zur Zeit des spätgotischen Perpendicular Style erhielt sie ihr heutiges Aussehen mit den markanten senkrechten Linien und Fächern. Der Glockenturm Tom Tower enthält die mehr als sechs Tonnen schwere Glocke Big Tom, die man in ganz Oxford hört. Ebenfalls sehenswert ist die prächtige Church of St Mary the Virgin von 1315 mit ihrem markanten Spitzturm. Deutlich jünger ist das Rundgebäude Radcliffe Camera, das am Radcliffe Square von 1737 bis 1749 erbaut wurde. Die ursprüngliche Bibliothek ist heute ein Lesesaal der Universität, in dem vorwiegend Studenten Bücher zur englischen Literatur und Geschichte lesen. Der Carfax Tower ist ein Überbleibsel der St Martin's Church aus

dem 13. Jahrhundert und ein beliebter Aussichtsturm. Aus 23 Metern Höhe lässt sich Oxford mit seinen vielen spitz in den Himmel ragenden Türmen hervorragend überblicken.

Museen und Bootstouren

Oxford bietet einige hochkarätige Museen. Über die Stadtgeschichte informiert das Museum of Oxford in der Town Hall von St Aldate's. Das Ashmolean Museum zeigt das Kunst und archäologische Funde, unter anderem aus Großbritannien, Zypern und dem Nahen Osten zeigt. Das Pitt Rivers Museum ist Teil der Universität Oxford und präsentiert ihre anthropologische und archäologische Sammlung. Das Museum teilt sich das Gebäude mit dem Oxford University Museum of Natural History und beherbergt 500000 Ausstellungsstücke, die unter anderem von Heinrich Schliemann aufgekauft wurden. Auch ein Blick in die Bodleian Library, die Hauptbibliothek der Universität Oxford, lohnt sich.

Im Sommer locken der Botanische Garten, der aus dem Jahr 1621 stammt und damit Großbritanniens ältester seiner Art ist, die schönen Parks der Universität und der große South Park, von dessen Hügel sich ein herrlicher Blick auf Oxfords mittelalterliche Altstadt bietet. Bootstouren auf der Isis, wie die Themse hier in Oxford heißt, oder auf dem Fluss Cherwell sind nicht nur bei den Studenten sehr beliebt. Auf dem Oxford Canal sieht man die Freizeitkapitäne auf ihren zu schwimmenden Ferienwohnungen umgebauten Narrowboats schippern, mit denen früher Kohle transportiert wurde.

BLENHEIM PALACE

Nahe Oxford steht eines der größten nicht königlichen Schlösser Großbritanniens. Vor dem kleinen Ort Woodstock führt ein Weg zu dem gigantischen Anwesen hinauf, das Anfang des 18. Jahrhunderts von John Vanbrugh für die Herzöge von Marlborough erbaut wurde. Einer der bekanntesten Nachfahren der Familie war Winston Churchhill, der hier 1874 geboren wurde. Der Adelssitz empfängt seine Besucher mit einer beeindruckenden, 20 Meter hohen Haupthalle. Die gesamte Wohnfläche des als Weltkulturerbe geschützten Palasts beträgt 12000 Quadratmeter. An das Gebäude schließt sich ein großer Park an, in dem eine 41 Meter hohe Siegessäule aufragt. Im 18. Jahrhundert entstand der künstliche See. Die Wasserterrassen wurden erst 1920 angelegt.

WEITERE INFORMATIONEN

Oxford Visitor Information Centre, 15–16 Broad Street, Tel. 01865-252200, www.visitoxfordandoxfordshire.com, www.oxfordcity.co.uk; *Ashmolean Museum:* www.ashmolean.org; *Botanischer Garten:* www.botanic-garden.ox.ac.uk; *Blenheim Palace:* Woodstock, Oxfordshire, Palast täglich 10.30–17.30, Park 9–18 Uhr geöffnet, Tel. 01993-815600, www.blenheimpalace.com

Brightons Royal Pavillion
strahlt exotischen Flair aus.

London in Hackney zeigt sich verrückt mit Menschen hinter Wolfsmasken, die am Fenster sticken. Leute vor Graffitis in der Brick Lane (Mitte). Antiquitäten lassen sich gut in der Stadt einkaufen (unten).

Register

A

Abbey Road Studios 129
»Angel of Christian Charity« 40
Aquatics Centre 138
Arcelormittal Orbit 139
Arundel Gardens 125

B

Baker Street 221b 130
Bank of England 71
Banqueting House 28
Barbiacn Centre 77
Berwick Street Market 46
Bethnal Green Road 91
Big Ben 20
Big Tom 158
Blenheim Palace 159
Bloody Tower 84
Bloomsbury Group 54
Bloomsbury 54
Bloomsbury Square 56
Borough Market 16
Brewer Street 46
Brick Lane 90
Brighton Festival 157
Brighton 156
British Library 135
British Museum 54, 58
Buckingham Palace 30
»Brighton Pier« 156
Burgh House 153
Burlington Arcade 42

C

Camden Market 134
Camden Town 17, 132
Canary Wharf 141
Carfax Tower 158
Carlyle Mansions 116
Carlyle, Thomas 116
Carnaby Street 47
Cenotaph 29
Chamber of the Pyx 25
»Changing of the Guard« 32
Charles Dickens Museum 56
Charterhouse Square 82
Chelsea Flower Show 119
Chelsea Old Church 118
Chelsea Royal Hospital 119
Chelsea 116
Cheyne Walk 116
Chinatown 47
Christ Church Cathedral 158
Clarence House 43
Clerkenwell 80
Collegiate Church of St Peter 24
Columbia Flower Market 17, 91
Company of Parish Clerks 83
Container City 141
Cope Castle 120
County Hall 99
Covent Garden 48
Criterion Theatre 42
Crystal Palace 109

D

Darwin Centre 115
Design Week Clerkenwell 83
Dickens, Charles 132
Docklands Light Railway 141
Docklands 140
Downing Street No.10 28

E

Earth Galleries 115
East End 80
El Vino Fleet 75
Elgin Marbles 59
Elizabeth Tower 20
Eton 151

F

Farm Collective 79
Fenton House 153
Firth Street 46
Fitzrovia 54
Fleet Street 74
Fourth Plinth 39
Freud-Museum 153

G

Gabriel's Wharf 102
Gherkin, The 70
Gipshöfe 110
Globe Theatre 71, 96
Golden Gallery 68
Golden State Coach 33
Grab des unbekannten Soldaten 25
Greek Street 46
Green Park 43
Greenwich Pier 154
Greenwich 142
Guildhall 71
Gunpowder Plot 23

H

Hampstead Heath 152
Hampton Court Palace 147
Harrods 111
Harry-Potter Studios 97
Hay's Galleria 98
Hayward Gallery 102
Heckenirrgarten 147
Holland Park 120
Horse Guards 28
Household Cavalry Museum 29
Houses of Parliament 22
Hyde Park 108

I

Inns of Court 52
Irish Centre, London 134
Isle of Dogs 141

J

James Smith 59
Jubilee Gardens 99

K

Kapelle Henry VII. 24
Kenwood-House 152
Kew Explorer 146
Kew Gardens 146
King-Charles-Block 142
King's Garden 118
King's Road 118
Königliche Gartenparty 33
Königliche Stallungen 33
Kronjuwelen 86
Krypta 69
Kyoto-Garden 121

L

Lansdowne Road 125
Leadenhall Market 70
Leighton House 121
Liberty 63
Lincoln's Inn 53
Linley Sambourne House 121
»Little Italy« 80
London Eye 103
London Film Festival 75
London Pavillon 42
»London to Brighton Veteran Car Run« 157
London Transport Museum 51
Lord Nelson 38

Sach- und Personenregister

M
Madame Tussauds 131
Mansion House 71
Marienkapelle 25
Marylebonde 62
Mayfair 43
Meridian Courtyard 144
Millenium Bridge 68, 71
Millenium Dome 145
Monument 69, 70
Morus-Kapelle 118
Morus, Thomas 118
Museum of London Docklands 77
Museum of London 76
»My Fair Lady« 51

N
National Gallery 39
National Maritime Museum 144
Natural History Museum 115
Neals Yard 51
»Notting Hill Arts Club« 127
Notting Hill Karneval 127
Notting Hill 122
Nullmeridian 142, 144

O
Old Compton Street 44
Old Hall 53
Old Spitalfields Market 90
Old Trueman Brewery 91
Olympiagelände Stratford 138
Olympiastadion 138
Open-Air-Theatre 129
Oxford Castle 158
Oxford Circus 63
Oxford 158
Oxford Street 62
Oyster Card 105

P
Palace of Westminster 20, 22
Parliament Hill 152
Parliament Street 28
Picadilly Circus 40
Pillars of Hercules 46
Portobello Market 17, 122
Portobello Road 122
Postman's Park 80

Q
Queen-Elizabeth-Park 139
Queen's Gallery 30, 32
Queen's House 142, 144
Qeen Elizabeth Hall 102

R
Radcliffe Camera 158
Red House 78
Regent Street 62, 63
Regent's Kanal 134, 135
Regent's Park 128
Richmond Park 147
Richmond Theatre 147
Rosengarten 33
Round Tower 150
Roundhouse, The 135
Royal Academy of Arts 42
Royal Court of Justice 53
»Royal Mews« 33
Royal National Theatre 99
Royal Naval College 142, 144
Royal Observatory 144
Royal Opera House 50
Royal Pavilion, Brighton 157
Russell Square 56

S
Saatchi Gallery 119
Schloss Windsor 150
Schlüsselzeremonie 87
Science Museum 114
Serpentine Lake 109
Shaftesbury Avenue 47
Shakespeare, William 96
Shard, The 98
Sherlock Holmes Museum 130
Shri Swaminarayan Mandir 153
Silver Vaults 53
Smithfield 78
Smithfield Green 82
Smithfield Market 82
Soho 44
Southbank Centre 102
Southwark Cathedral 98
Speaker's Corner 108, 109
St Bartholomew the Great, Church 80
St Bride's Church 74
St John Street 82
St George's Chapel 151
St James Palace 43
St James's Park 21
St Margaret's Church 22, 25
St Pancras 135
St Paul's Cathedral 66
St Paul's Church 50
Stein von Rosetta 59
Stephenson's Rocket 114
Stone Gallery 68
»Stone of Scone« 25

T
Tate Boat 95
Tate Britain 17, 34
Tate Modern 17, 70, 71, 94
Temple Church 52
Temple District 52
Theatre Royal 51
Themsefahrt 154
Themsepfad 98
Themsetunnel 145
»The voice of Britain« 20
Tom Tower 158
Tottenham Court Road 56
Tower Bridge Exhibition 89
Tower Bridge 14, 70, 71, 84, 88
Tower, The 84
Trafalgar Square 38
Turner, William 35
Tussaud, Marie 131

U
UFO Club 57
Unesco-Kulturerbe 22

V
Victoria and Albert Museum 110

W
Wachablösung 29, 32
Wardour Street 46
Waterloo Chamber 151
Waterloo Station 104
Waterstone 43
Wellington Monument 68
Westminster Abbey 24
Westminster Hall 22
Whispering Gallery 68
White Tower 86
Whitehall 28
Windsor Castle 150
Woolf, Virginia 55, 56
Wren, Christopher 66

X
Xstrata Treetop Walkway 146

Y
Ye Olde Cheshire Cheese, Pub 75

Z
Zoo 128

Laue Sommertage lassen sich am liebsten am Wasser genießen (oben). Am schönsten aber ist es in Covent Garden, dort bereichern Kleinkünstler die Szenerie (Mitte). Und mit manchen Ansichten gleicht London sogar New York (unten).

Als Schmelztiegel der Kulturen zeigt sich Shoreditch: hier Frauen an einer Bushaltestelle (oben). Ausgefallene Hüte in einem Schaufenster (Mitte) und Usain Bolt (unten) im Wachsfigurenkabinett. – London hat wahrlich viele Gesichter.

Impressum

Franz Marc Frei, geboren 1963 in Otterfing bei München, bereist seit mehr als 25 Jahren die Welt. In der Fotografie steht der Mensch und seine Umwelt im Mittelpunkt. Durch sein gekonntes Spiel mit Licht und unterschiedlichsten Kompositionen schafft er es immer wieder, seinen Fotografien Lebendigkeit zu verleihen und mithilfe der Kamera seine Sicht auf die Welt auszudrücken.

Anke Benstem, Journalistin, zieht es, seit sie denken kann, regelmäßig in Europas Norden. Die Metropole London überrascht sie immer wieder mit ihrer Schnelligkeit und ihrer unglaublichen Vielfalt an Menschen und Möglichkeiten.

Andrea Lammert reist als Buchautorin seit Jahren durch die Welt. Dabei landet sie auch immer wieder in London, das zu ihren Lieblingszielen zählt. Vor allem der englische Tee und die Scones haben es ihr angetan und sie liebt es, Londons neue kulinarische Geheimnisse zu erforschen.

Produktmanagement: Joachim Hellmuth
Textlektorat: Petra Sparrer, Köln
Layout: VerlagsService Gaby Herbrecht, Mindelheim
Repro: Repro Ludwig, Zell am See
Umschlaggestaltung: Frank Duffek, München
Kartografie: Astrid Fischer-Leitl, München
Herstellung: Bettina Schippel
Gesamtherstellung: GeraNova Bruckmann Verlagshaus GmbH

Alle Angaben dieses Werkes wurden von den Autorinnen sorgfältig recherchiert und auf den aktuellen Stand gebracht sowie vom Verlag geprüft. Für die Richtigkeit der Angaben kann jedoch keine Haftung übernommen werden. Für Hinweise und Anregungen sind wir jederzeit dankbar. Bitte richten Sie diese an:
Bruckmann Verlag
Postfach 40 02 09
80702 München
E-Mail: lektorat@bruckmann.de

Bildnachweis
Alle Bilder des Innenteils sowie des Umschlags stammen von Franz Marc Frei, München, außer: www.shutterstock.com: S. 35 o.r. (basphoto), 53 o.r. (dutourdumonde), 129 o.r. (Claudio Divizia); www.iStock-photo.com: S. 43 o.r., 47 o.r., 89 o.r.; Picture Alliance, Frankfurt a. M.: S. 79 o.r.

Umschlag: Vorderseite, v. o. n. u.: Smithfield Market, Clerkenwell; Tower Bridge und Themse; große Kunst in der Tate Britain. – Vordere Klappe: Blick vom St James's Park zum Buckingham Palace.
Rückseite, v. l. n. r.: Sommer im St James's Park, Riesenrad London Eye, Covent Garden. – Hintere Klappe: Shakespeare-Aufführung im Globe Theatre.
Seite 1: Wachwechsel vor dem Buckingham Palace.
Innentitel: Blick von der Waterloo Bridge über die Themse auf die City.
Vorsatz: Typisch London – Gartenkunst gemischt und Backsteinarchitektur.
Hintersatz: Wie schön Kunst im öffentlichen Raum sein kann, zeigt »The Stratford Shoal«

Die Deutsche Nationalbibliothek verzeichnet diese Publikation in der Deutschen Nationalbibliografie; detaillierte bibliografische Daten sind im Internet über http://dnb.d-nb.de abrufbar.

ISBN 978-3-7654-5835-4

In gleicher Reihe erschienen ...

ISBN 978-3-7654-5437-0

ISBN 978-3-7654-4889-8

ISBN 978-3-7654-4828-7

ISBN 978-3-7654-5154-6

ISBN 978-3-7654-4830-0

ISBN 978-3-7654-5368-7

ISBN 978-3-7654-5253-6

ISBN 978-3-7654-5214-7

ISBN 978-3-7654-5592-6

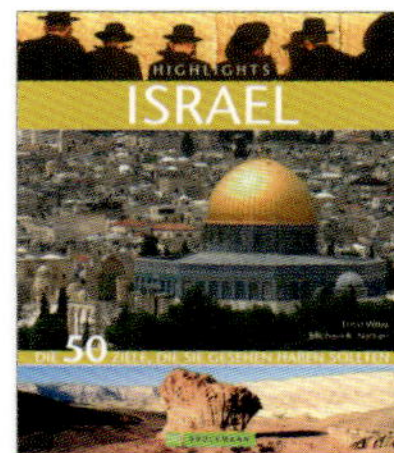

ISBN 978-3-7654-5598-8

ISBN 978-3-7654-4617-7

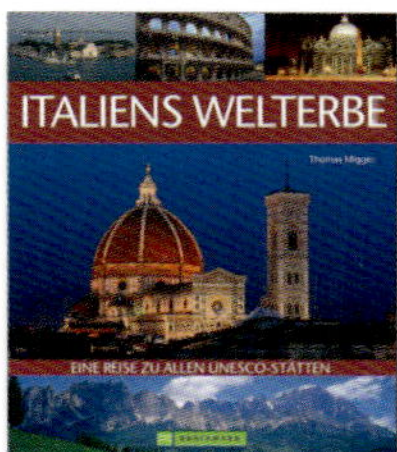

ISBN 978-3-7654-5594-0

ISBN 978-3-7654-5426-4

ISBN 978-3-7654-4760-0

ISBN 978-3-7654-4869-0

ISBN 978-3-7654-5596-4

ISBN 978-3-7654-4750-1

ISBN 978-3-7654-5751-7

ISBN 978-3-7654-4827-0

ISBN 978-3-7654-5436-3

ISBN 978-3-7654-5533-9

ISBN 978-3-7654-4973-4

ISBN 978-3-7654-4748-8

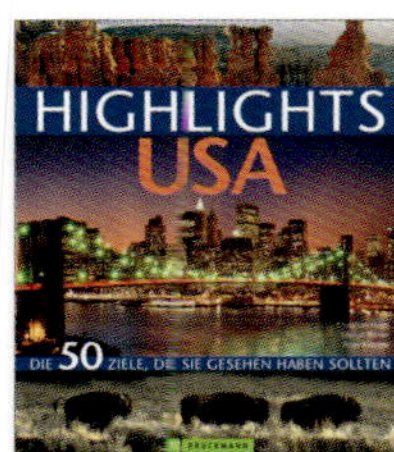

ISBN 978-3-7654-5496-7

ISBN 978-3-7654-5144-7